KB270404

음악의 시간 속에서

건축, 문학, 미술, 무용과의 대화

김혜미

선화예술중학교와 선화예술고등학교를 졸업한 후 국민대학교에서 학사 과정을 마쳤다.
이후 동 대학원에서 석사와 박사 학위를 취득하였으며, 동덕여자대학교 대학원에서
음악학을 전공하며 연구를 이어가고 있다. 또한 첼리스트로서 실내악 등 다양한 무대와
양주시립교향악단 단원으로 활동하고 있으며, 현재 국민대학교 겸임교수로 재직하며
후학을 양성하고 있다.

음악의 시간 속에서
건축, 문학, 미술, 무용과의 대화

2025년 9월 15일 초판 인쇄
2025년 9월 20일 초판 발행

지은이 | 김혜미
교정교열 | 정난진
펴낸이 | 이찬규
펴낸곳 | 북코리아
등록번호 | 제03-01240호
주소 | 13209 경기도 성남시 중원구 사기막골로45번길 14
       우림2차 A동 1007호
전화 | 02-704-7840
팩스 | 02-704-7848
이메일 | ibookorea@naver.com
홈페이지 | www.북코리아.kr
ISBN | 979-11-94299-52-3 (93670)

값 23,000원

음악의 시간 속에서

건축, 문학, 미술, 무용과의 대화

김혜미

북코리아

예술의 각 분야는 고대 시대부터 현재까지 서로 밀접한 관계를 가지고 변화·발전했습니다. 이 책에서는 음악과 깊은 연관성을 갖고 있는 예술 분야들과 음악의 관계에 대해 살펴보려고 하는데요. 이러한 연구는 '음악을 중심으로 음악과 다른 예술 분야 간의 관계성에 관한 연구를 하면 어떨까?'라는 생각에서 시작되었습니다.

이 책은 2022년 발표한 박사학위논문 「음악과 다른 예술 분야 및 헤겔 철학의 상관성에 관한 연구 A Study on the Correlation between Music, other Art Fields, and G. W. F. Hegel's Philosophy」 내용을 바탕으로 구성되었습니다. 논문 주제에 대한 연구 과정에서 여러 흥미로운 내용을 발견할 수 있었지만, 학술적인 형식에 맞추어 기술하다 보니 눈길을 끌 수 있는 주제라 하더라도 그 내용을 관심가져 주시는 분들께 쉽게 전달하기에 어려운 점이 많았습니다. 그래서 음악과 다른 예술 분야 간의 교류와 상호작용을 연구하며 발견한 다양한 사실들을 더 많은 분들과 나누고자 하는 마음에서, 그리고 이러한 주제에 관심 있는 독자 여러분께 보다 쉽게 연구 내용을 전달하고자 이 책을 준비하게 되었습니다.

우선 예술에 대한 접근에 앞서 설명해 드릴 개념이 있는데요. 바로 '미학(美學, Aesthetics)'입니다. 미학은 예술에 대한 철학적인 연구로, 예술이 단순한 기술을 넘어 하나의 학문으로 인정받게 되는 계기를 마련해주었습니다.

미학이라는 명칭은 고대 이성론과 감성론의 명칭인 노에시스(noēsis)[1]와 아이스테시스(aisthēsis) 중 감각적 지각을 뜻하는 개념이었던 아이스테시스에서 유래되었는데요.[2]

바움가르텐(Alexander Gottlieb Baumgarten, 1714-1762)[3]은 1750년 그의 저서 『미학 Aesthetica』[4]을 통해 예술에 대한 철학적 사고에 '미학'이라는 용어를 도입하여 설명합니다. 그는 합리론이 지배적이었던 18세기, 학문적으로 배제되거나 이성적 인식에 비해 낮게 평가되었던 감성적 인식에 독자적인 의의를 부여하여 이성적 인식의 학문인 논리학과 함께 감성적 인식의 학문도 철학의 한 분야로 인정받게 하는 데 이바지했는데요. 바움가르텐은 감성적 인식에 '감각'이라는 뜻을 가진 그리스어 아이스테시스에 근원을 둔 에스테티카, 즉 미학이라는 명칭을 부여합니다. 라이프니츠 볼프 학파(Leibniz-Wolffische Schule)[5]의 일원이었던 바움가르텐은 이렇게 미학을 통해 예술이 철학의 한 분과로 자리 잡을 수 있게 하고, 감성적 인식을 학문적으로 체계화하는 데 기여한 철학자입니다.

위와 같은 사건들을 기반으로 현재 인식되는 '예술'이라는 개념이 인정되기 시작한 것은 르네상스 시대 이후이며, 그 이전의 예술은 종교적 수단이나 축제 또는 사회·정치적 수단으로만 여겨졌을 뿐 독립적인 개념으로 인정받지 못했습니다.[6]

이후 철학자 헤겔(Georg Wilhelm Friedrich Hegel, 1770-1831)에 의해 미학이 조금 더 깊이 있게 다루어지는데요. 그의 대표 저서인 『미학 강의 Vorlesungen über die Ästhetik』(1835)[7]는 아리스토텔레스(Aristoteles, B.C. 384-B.C. 322)

의 『시학 *Poiētikēs, Poetica*』[8] 이후 영향력 있는 예술 관련 저서 중 하나로, 헤겔은 이 저서를 통해 각 예술 분야의 특징과 상관관계에 대해 설명했습니다.

20세기의 철학자 아도르노(Theodor Wiesengrund Adorno, 1903-1969)[9]는 헤겔의 미학 관련 저서뿐만 아니라 그의 변증법적 논리와 철학 사상이 음악에 많은 영향을 주었다고 주장했는데요. 아도르노 사후, 그가 남긴 글들을 정리하여 출판된 『베토벤: 음악의 철학 *Beethoven: Philosophie der Musik*』(1994)에서는 특히 베토벤(Ludwig van Beethoven, 1770-1827)이 작품을 창작하는 데 있어서 헤겔의 철학과 사상이 그의 음악에 어떠한 영향을 주었는지에 대해 설명하고 있습니다.

이렇게 많은 사상가들의 연구와 노력을 거쳐 예술이 현재의 지위를 얻게 되었다고 해도 과언이 아닐 텐데요. 이러한 예술 분야들을 음악을 중심으로, 즉 각 예술 분야가 음악과 어떤 교류를 해왔으며 음악에 어떠한 영향을 주었는지에 대해 살펴보려 합니다. 이 책에서 많은 예술 분야 중 음악과의 관계성에 대해 살펴볼 분야는 건축·문학·미술·무용 분야로 제한했는데요. 이는 음악과 관계성이 높은 분야들을 중심으로 범위를 한정한 것이고, 이와 같이 범위를 정한 배경에 대해서는 뒤에서 좀 더 자세히 설명해 드리도록 하겠습니다.

우선 이 책에서 진행되는 음악과 다른 예술 분야와의 관계성에 대한 서술은 역사 순서(고대-중세-르네상스-바로크·전고전주의-고전주의-19세기-20세기)로 진행되는데요. 각 시대에서 보여주는 건축·문학·미술·무용과 음악과의 관계성에 대해 이야기해보려 합니다.

다양한 문화가 축적되어 발전한 분야이기도 한 건축은 여러 시대의 음악과 변화를 함께했던 예술 분야인데요. 많은 분이 '문학이면 모를까 건축이?'라고 생각하실 수도 있을 것 같아요. 저도 본격적인 연구를 진행하기 전까지는 건축물이 음악이 이루어지는 공간이기 때문에 건축이 음악과 관련이 있는 분야일 것이라고 짐작하고 있었지만, 음악에 이렇게 많은 영향을 준 예술 분야라는 사실을 몰랐거든요. 이 책을 통해 여러분께도 흥미로운 사실을 알려 드릴 기회가 되었으면 좋겠습니다.

그리고 문학은 잘 알려져 있듯이 음악에 많은 영감을 제공한 분야죠. 큰 흐름은 역사 순으로 전개되며, 문학 중에서도 특히 음악과 밀접한 관련이 있는 시문학에 대한 설명이 포함되어 있습니다. 시문학은 문학의 여러 장르 중 작곡가들에게 특별히 많은 영감을 주었던 분야인데요. 시문학과 음악의 관계에 대한 설명은 19세기에 나타난 특징과 20세기의 표현주의에 대한 설명으로 이루어져 있습니다.

또 다른 예술 분야 중 하나인 미술은 음악과 영향을 주고받으며 시대적 변화를 함께해온 예술 분야인데요. 이 책에서 다루어지는 미술 분야와 음악의 관련성에 관한 이야기의 범위는 연관성이 돋보이는 20세기의 특징적인 사실도 포함되어 있습니다.

무용은 여러 예술 분야 중 음악과 가장 오랜 시간을 함께해온 분야일 텐데요. 사실 음악의 시작은 무용을 보조해주는 역할에서부터 시작되었다고 해도 과언이 아닐 정도로 음악과 무용의 관계는 각별합니다. 특히 무용 분야와 관련이 깊은 모음곡(suite)[10]은 이후 음악의 주요 형식인 소나타 형식을 확립하는 데 영향을 주었는데요. 음악 형식의 발전에 무곡의 역할이 컸다는 점에 초점을 맞추어 음악과 무용의 연관성에 대한 이야기를 진행하려 합니다.

그럼 이제부터 건축·문학·미술·무용이 음악과 어떠한 교류를 해왔는지 이야기 나눠볼게요.

1 노에시스는 주로 ‘지성’이나 ‘사유’를 의미한다. 정신 · 이성을 뜻하는 그리스어 누스(nūs)
   및 노에인(noein, 사유하다 · 지각하다 · 직관하다)에서 파생된 용어이다.

2 W. 타타르키비츠, 『미학의 기본 개념사』, 손효주 역(서울: 미진사, 1993), p. 15.

3 독일의 철학자이자 미학의 창시자로, ‘미학’이라는 용어를 오늘날과 같은 의미로 사용한
   인물이다.

4 감성의 이론과 미와 예술의 이론을 결합한 미학에 대한 최초의 저작이다.

5 라이프니츠(Gottfried Wilhelm Leibniz, 1646-1716)의 철학을 신봉하는 일련의 사상가들
   을 총칭하는 용어로, 라이프니츠의 제자 볼프(Christian Wolff, 1679-1754)에 의해 만들
   어졌다.

6 철학아카데미, 『철학, 예술을 읽다』(파주: 도서출판 동녘, 2006), p. 29.

7 헤겔 사후 하이델베르크대학(1818), 베를린대학(1820, 1823, 1826, 1828)에서 강의한 내
   용을 담은 강의록과 수강생들의 필기록을 편집하여 출판한 책이다.

8 이 저서는 일반적으로 『시학詩學』이라는 제목으로 알려졌지만, 원제는 ‘페리 포에티케스
   (Peri Poietikes)’로서, 직역하면 『시학에 관해서』이다. 대략 기원전 347년에서 342년 사이
   에 쓰인 것으로 추측되며, 아리스토텔레스의 후기 저서에 속한다.

9 철학, 사회학, 미학 등 광범위한 영역에 걸쳐 연구 활동을 한 독일의 사상가다. 대표 저서로
   는 자신의 동료인 호르크하이머(Max Horkheimer, 1895-1973)와 1947년에 함께 저술한
   『계몽의 변증법 *Dialektik der Aufklärung*』과 『부정의 변증법 *Negative Dialektik*』(1966) 등이
   있다.

10 여러 형태의 무곡이 묶인 기악곡을 말한다. 모음곡이라는 용어는 프랑스에서는 오르드르
   (ordre, ‘순서’의 의미), 독일에서는 파르티티(partitie), 파르티타(partita, ‘분리되다’의 의
   미), 우베르튀르(ouverture), 수위트(suite, ‘조합’의 의미), 이탈리아에서의 실내 소나타, 파
   르티타(partita), 영국에서는 레슨(lesson, ‘연습곡’의 의미) 등 여러 가지 형태로 사용된다.
   16세기의 모음곡은 무곡의 배열이 비교적 자유로웠으며, 17세기 들어와서 알라망드 · 쿠
   랑트 · 사라방드 · 지그 등의 네 가지 무곡이 모음곡의 기본 악장으로 정형화되었다.

함께 읽으면 좋은 책

강대석. 『미학의 기초와 그 이론의 변천』. 서광사, 2013.

강성원. 『미학이란 무엇인가』. 사계절, 2000.

먼로 C. 비어슬리. 『미학사』. 이성훈·안원현 역. 이론과실천, 1999.

바움가르텐. 『미학』. 마티, 2019.

박민수. 『바움가르텐의 미학 읽기』. 세창미디어, 2015.

박정훈. 『미와 판단』. 세창출판사, 2017.

베네데토 크로체. 『미학』. 권혁성·박정훈·이해완 역. 북코리아, 2017.

아도르노. 『미학 이론』. 홍승용 역. 문학과지성사, 1984.

______. 『베토벤. 음악의 철학』. 문병호·김방현 역. 세창출판사, 2014.

아리스토텔레스. 『시학』. 천병희 역. 문예출판사, 2014.

이종하. 『아도르노』. 살림출판사, 2010.

제럴드 레빈슨. 『미학의 모든 것』. 김정현 외 역. 북코리아, 2018.

죠지 딕키. 『미학입문』. 오병남·황유경 역. 서광사, 1980.

철학아카데미. 『철학, 예술을 읽다』. 도서출판 동녘, 2006.

헤겔. 『예술철학』. 한동원·권정임 역. 미술문화, 2008.

______. 『헤겔의 미학 강의 1, 2, 3』. 두행숙 역. 은행나무, 2010.

______. 『헤겔의 음악 미학』. 김미애 역. 느낌이있는책, 2014.

W. 타타르키비츠. 『미학의 기본 개념사』. 손효주 역. 미진사, 1993.

Contents

Contents

일러두기

단행본 및 소설은 『 』로, 논문 제목 등의 글 제목은 「 」로, 음악이나 시, 미술, 무용 등의
예술 작품명은 〈 〉로 표기했다.

1

들어가는 말

예술 분야들이 서로 밀접한 관계를 갖고 변화·발전해왔음은 부정할 수 없는 사실입니다. 하지만 음악을 중심으로 예술 분야들의 관계성에 대해 다루는 책은 생각보다 많지 않은데요. 앞서 소개해드린 논문, 「음악과 다른 예술 분야 및 헤겔 철학의 상관성에 관한 연구」를 토대로 저술된 이 책을 통해 음악을 중심으로 각 예술 분야 간에 어떠한 교류가 있었는지 이야기해보려 합니다.

앞으로 전개될 이야기들을 시대별로 정리하면 다음 표와 같습니다.[1]

고대 시대부터 20세기까지 음악과 건축 · 문학 · 미술 · 무용의 연관성

비교 분야 시대		건축	문학	미술	무용
고대		• 주두와 그리스 선법의 명칭과 그 성격적 유사성 • 황금비율의 이용 • 음향학적 관점에서의 건축물	• 성경의 영향 • 그리스 비극	• 암포라(Amphora)에 남아 있는 음악과 관련된 그림	• 종교적 · 주술적 행위에 함께한 음악 • 민속음악과 무용
중세 (5-15 세기)	로마 네스크	• 단조로운 건축물과 그레고리오 성가의 연관성 • 기둥 배열에 음악의 리듬적 특징 활용	• 게르만 문학과 바그너 오페라의 연관성 • 중세 이슬람 문학 작품 『아라비안나이트』	• 종교적 내용을 담은 미술 작품	
	고딕	• 높은 건축 양식의 출현과 성부가 확장된 모테트의 연관성 • 대칭 구조			• 에스탕피(estampie)
르네상스 (14-16세기)		• 십자가 모양의 교회 건축물에 의해 창안된 교창으로 인한 대립 구조와 협주곡 탄생의 연관성	• 셰익스피어의 작품 • 페트라르카의 소네트 형식과 음악의 연관성 • 세르반테스의 『돈키호테』	• 미술의 원근법 출현과 음악의 화성법 체계화의 연관성	• 바스 당스(basse danse) • 묶음 춤곡과 모음곡의 연관성
바로크 (1600-1750)		• 장식적인 건축물과 음악에서의 장식음의 연관성	• 고전주의 문학의 시작 • 살롱(salon) 문학	• 미술에서의 장식적 성격, 음악에서의 꾸밈음과 감정 표현을 위한 반음계 사용의 연관성	• 교회 소나타(sonata da chiesa)와 실내 소나타 (sonata da camera) • 모음곡(suite)
전고전주의 (1720-1760)		• 바로크 시대의 과장된 장식이 사라진 간결하고 우아한 건축물과 음악의 연관성	• 질풍노도 문학 운동과 감정과다 양식 음악의 연관성	• 장식적이고 감정 표현을 담은 작품들	
고전주의* (1750-1820)		• 바로크 시대에 추구되었던 장식적인 것에 얽매이지 않고, 본질적인 것에 집중하는 고전주의 시대의 건축과 음악의 공통적 특징과 그 연관성(그리스, 로마 시대로의 회귀 성향)	• 실러와 괴테의 작품이 음악에 준 영향	• 대칭성에서 비롯된 균형과 조화를 중시한 작품들	• 음악의 화성에 의한 수직성과 무용의 수직적 움직임의 유사성

비교 분야 시대	건축	문학		미술	무용
19세기	• 고딕 양식의 부활	낭만 주의	• 괴테 • 하이네	• 하르트만과 무소륵스키	
		인상 주의		• 미술에서 경계선의 모호해짐과 음악에서 화성적 틀의 모호해짐의 연관성	
		사실 주의		• 미와 추에 대한 동등한 관심	
		상징 주의	• 말라르메 • 베르트랑		
		큐비즘	• 기존의 틀에서 벗어난 새로운 시도		
20세기	• 신고전주의와 표현주의 건축물	신고전 주의		• 균제미(均齊美, symmetry) 중시와 명확한 구도	
		표현 주의		• 칸딘스키와 쇤베르크의 교류	• 스트라빈스키의 발레 작품 • 수직성에서 벗어나 자연스러움 추구
		상징 주의	• 말라르메와 베르트랑의 시가 음악에 준 영향		

* 문학에서의 고전주의는 프랑스는 17세기 후반에, 영국은 16세기 중엽에, 독일은 18세기경에 낭만주의 문학 운동과 공존하는 형태를 보였다. 프랑스에서는 '고전주의'라는 용어를 그대로 사용하지만 그 밖의 나라에서는 고대 그리스·로마의 고전주의와 구별하기 위해 '신고전주의'라는 용어를 사용했다.

바퇴

    위 표의 내용과 같이 시대별 특징을 기반으로 건축·문학·미술·무용이 음악과 어떠한 영향을 주고받았는지에 대해 이야기 나누려 하는데요. 예술 분야 간의 연관성에 대한 이해를 돕고, 이를 바탕으로 독자 여러분께 더욱 폭넓은 시각으로 음악을 접할 수 있는 계기를 제공할 수 있다면 기쁘겠습니다.

    본격적인 이야기를 진행하기에 앞서 이 책에서 음악과의 연관성을 알아보기 위해 다루어지는 예술 분야의 범위를 건축·문학·미술·무용으로 한정하게 된 배경에 대해 말씀드릴까 해요. 예술 분야는 매우 다양하고 광범위하기 때문에 이 책에서는 18세기 중엽 프랑스 미학자이며 평론가인 샤를 바퇴(Charles Batteux, 1713-1780)[2]가 쓴 『동일 원리로 환원된 순수 예술 _Les Beaux Arts réduits à un même Principe_』(1746)이라는 책을 통해 정립된 '순수 예술(Fine arts, Les beaux arts)', 즉 음악·문학(시)·미술(회화, 조각)·무용[3]과 18세기 이후 예술의 한 분야로 인정받게 되는 건축으로 한정합니다.

    사실 바퇴가 굉장히 중요한 인물임에도 조금은 낯설게 느껴지실 수 있을 것 같은데요. 바퇴는 미학에 관해, 그러니까 예술과 철학을 연관 지어 설명되는 책에 늘 등장하는 인물로, 그만큼 중요한 미학자입니다.

지금은 당연하게 여겨지는 예술, 그중에서도 순수 예술의 범위는 많은 학자에 의해 분류 작업이 이루어졌지만 바퇴 이전까지만 해도 정립된 형태는 아니었는데요.

이해를 돕기 위해 흐름상 우선 바퇴 이전 시대 미학의 발달 역사에 대해 간단히 말씀드려야 할 것 같습니다. 고대 그리스 시대부터 시작된 '미(美)'에 대한 관심[4]은 플라톤(Platōn, B.C. 427-B.C. 347)에 의해 처음으로 체계화되었고, 이후 18세기 바움가르텐의 '미학'을 시작으로 학문화되었다고 볼 수 있습니다. 그리스 시대에 시작된 이성의 영역을 다루는 논리학, 의지의 영역을 다루는 윤리학과는 다르게 감성의 영역을 다루는 철학 연구가 아직 확립되지 않았다는 사실을 확인한 바움가르텐에 의해 제시된 미학은 '감성적 지각에 관한 학문'이라고 할 수 있는데요.[5] 이러한 미학은 미적 가치를 연구하는 학문으로 이후에는 미(美)뿐만 아니라 추(醜)까지 포함하는 영역으로 확장되었습니다.

미는 이렇게 오랫동안 철학의 영역 속에서 발전해왔고, 이에 따라 독자적인 학문 영역으로 발전한 후, 철학적인 성격을 지니게 되었는데요. 미학은 일종의 철학이기 때문에 그 이론적 원천이나 철학적 방법들이 그 시대의 철학에서 오는 세계관이나 구체적인 방법과 직접 결부된다고 볼 수 있습니다.[6]

미적인 것에 대한 학자들의 탐구 과정에는 본질적인 논의뿐 아니라 분류적인 논의도 함께 이루어졌는데요. 여기서의 분류는 학문으로서 확고한 입지가 불분명했던 미를 세분화하여 분리·보완하는 작업이라 할 수 있습니다. 이렇게 미를 하나의 학문으로 바라보고, 예술에 대한 철학적 사고가 체계적·역사적으로 정리된 것의 시작이 미학이라 할 수 있는데요. 18세기 미에 대한 관심의 증대는 미학이 독자적인 학문으로 자리매김하는 데 이바지했습니다.

미에 대한 개념은 플라톤의 『파이드로스*Phaedrus*』에서 논의된 후, 중세 신학자들과 철학자들이 플라톤과 아리스토텔레스의 철학적 개념을 통합하여 체계화한 베룸(眞, Verum), 보눔(善, Bonum), 풀크룸(美, Pulchrum)이 있는데요. 이후 철학자들은 미의 개념을 확대하여 철학의 한 분과로 취급함으로써 미를 중시하며 철학적 논의의 주요 주제로 삼았습니다.[7] 그 예로 아리스토텔레스의 철학에 대한 세 가지 구분인 이론(theory), 행위(action), 창작(creativity)에서 비롯된 학문적 사고, 윤리적 사고, 예술적 사고의 분류와 칸트(Immanuel Kant, 1724-1804)의 논리학, 윤리학, 미학을 토대로 한 3대 비판서인 『순수이성비판*Kritik der reinen Vernunft*』(1781), 『실천이성비판*Kritik der praktischen Vernunft*』(1788), 『판단력비판*Kritik der Urteilskraft*』(1790)[8]에 이르기까지 예술은 많은 철학자의 논리의 대상이 되어왔습니다.[9]

여기서 주목할 점은 예술이 앞서 언급한 철학자들에 의해 전개된 철학의 세 가지 구분 중 하나로 오랜 세월 동안 중요한 자리를 차지해왔다는 사실인데요. 이를 통해 예술이 긴 시간 동안 그 중요성을 인정받아왔음을 알 수 있습니다.

예술(art)이라는 용어는 라틴어 '아르스(ars)'에서 유래되었는데요. 아르스는 그리스어 '테크네(τέχνη)'[10]를 번역한 것으로, 어원에서 알 수 있듯이 고대 시대의 예술은 지금의 예술이 갖는 의미와 조금 다른 성격을 가지고 있었습니다. 그리스 시대의 techne는 이후 ars로 용어가 변하기는 하지만 로마 시대와 중세, 심지어 르네상스 시대까지 같은 의미로 사용된 용어로, 이 시대의 ars는 현재의 예술과는 큰 의미적 차이를 보입니다. 즉, 그리스 시대의 예술은 기술(skill)이나 솜씨(craftsmanship)를 포괄하는 개념이었으며, 지적이고 실용적인 능력 전반을 의미했습니다.

그리스 시대의 예술은 가옥, 동상, 옷 등과 같은 물품을 만드는 데 필요한 솜씨뿐만 아니라, 군대를 통솔하거나 토지를 측량하는 데 필요한 청중 설득 능력까지 포함하는데요. 이를 통해 예술의 범위가 현재보다 훨씬 더 넓은 영역을 포괄하고 있었음을 알 수 있습니다. 그 이유는 이 시대에는 규칙과 법칙에서 파생된 것을 예술로 분류했기 때문인데요. 이는 다른 말로 규칙이 없는 단순한 영감이나 환상은 예술적 범주에 포함되지 않았음을 뜻하는 것이기도 했습니다. 즉, 고대와 중세의 사고에서 'techne'와 'ars'는 인간의 산출 활동 전반을 일컫는 말이었으며, 산출 활동이란 실천적인 것(기술)과 이론적인 것(학문)의 포괄적 의미였습니다.[11]

예술의 범위에 대한 인식 차이는 '시(poem)'에 대한 정의의 변화를 통해 알 수 있는데요. 현재는 시가 예술의 한 분야로 생각되지만, 고대 그리스인은 시를 뮤즈 여신들의 영감으로부터 비롯된 것이라 하여 예술이 아니라 일종의 철학이나 예언 등으로 간주했습니다. 이러한 개념은 정도의 차이가 있지만, 아리스토텔레스의 저서 『시학』이 1549년 이탈리아에서 번역되기 전까지 지속되었는데요. 물론 고대 그리스 시대의 시는 문학의 중요한 형태로서 존재하고 예술의 한 영역으로 인정받을 가치를 지니고 있었지만, 그 시대의 시는 주로 종교적인 예언이나 철학적인 측면을 강조하는 것으로 예술적 창작물로만 취급되지 않았습니다. 따라서 고대 그리스 시대의 시는 예술적인 요소를 포함하고 있었지만, 이 시기의 시가 현대적인 의미의 예술로 인식되는 과정은 이후의 시대에 확립되었다고 볼 수 있습니다.

시와 음악이 예술의 한 분야로 인정받게 된 계기에 대해 살펴보면, 음악의 경우에는 '피타고라스 학파(Pythagoreans)'에 의해 음악에서 나타나는 수학적 법칙이 발견된 후 시문학보다 앞서 예술 분야로 인정받게 되었습니다. 시의 경우에는 아리스토텔레스의 저서가 번역되면서 작품 안에서의 규칙과 구조를 확인할 수 있게 된 이후 비로소 예술로 인정받게 되었습니다. 이처럼 시가 예술의 한 분야로 인정받는 과정은 후대의 문화적 변화와 함께 진행되었으며, 르네상스 이후 시학의 발전과 문학적 평가의 변화 등이 이 과정을 촉진시켰습니다. 이렇게 고대의 예술 개념이 근대적 예술 개념으로 변화되면서 비로소 시와 음악이 예술로 인정받게 되는데요. 이러한 변화와 함께 기능과 학문은 점차 예술에서 분리되었습니다.

르네상스 시대에는 이전 시대와 비교하여 미에 대한 평가가 높아졌는데요. 이러한 예술의 지위 승격은 미를 표현해내는 화가·조각가·건축가들이 재평가되는 계기를 마련함과 동시에 예술가들의 작품 가치가 상승하는 데 근거를 제공합니다.

이렇게 격상된 예술의 가치는 학자들에게 예술에 대해 많은 관심을 갖게 했고, 학자들은 '예술이란 무엇인가'에 대한 해답을 찾기 위해 노력했습니다. 또한 깊이 있는 연구를 위해 예술의 세분화된 개념 정리가 필요하다는 인식이 생겨났고, 이에 따라 학자들은 저술을 통해 다양한 시각으로 예술을 분류했습니다. 15세기 중엽 이후에는 많은 종류의 예술 분류법이 존재했는데요. 이는 다음과 같이 나열할 수 있습니다.[12]

- 마네티(Giannozzo Manetti, 1396-1459)의 '총명한 예술(the ingenious arts)'[13]

- 피치노(Marsilio Ficino, 1433-1499)[14]의 '뮤즈의 예술(the musical arts)'

- 카스텔베트로(Castelvetro, 1505-1571)의 '기억의 예술(the memorial arts)'

- 테사우로(Emanuele Tesaore, 1591-1675)의 '시적 예술(the poem arts)'

- 블롱델(Nicolas-François Blondel, 1618-1686)의 '순수 예술(the fine art)'

- 비코(Giambattista Vico, 1668-1744)의 '우아하며 즐거움을 주는 예술(arts elegant and pleasant)'

위와 같이 많은 학자에 의해 예술의 분류가 시도되었지만, 바퇴에 의해 분류된 다섯 분야, 즉 회화·조각·음악·시·무용이 '순수한 예술'이라는 개념의 예술 분류 범위로 정착됩니다. 순수 예술은 앞서 설명해 드린 바와 같이 1746년 프랑스의 철학자이자 미학자인 바퇴의 저서 중 하나인 『동일 원리로 환원된 순수 예술』을 통해 소개된 개념으로, 바퇴는 자신의 저서를 통해 모든 예술을 '통일적 원리' 아래 고찰하려는 예술학을 제시함으로써 철학과 연관된 예술학을 보여줌과 동시에 예술 연구의 새로운 방법론을 제시했습니다.[15]

물론 순수 예술은 바퇴 이전에도 많은 학자가 사용했던 용어이지만, 바퇴에 이르러 순수 예술의 분명한 범위가 제시되는데요. 그의 이러한 예술 분류는 현재 시각에서 볼 때는 단순하고 당연한 것으로 생각되지만 당시에는 획기적인 것이었으며, 1500년대부터 1750년대까지 많은 학자에 의한 연구의 산물이었습니다. 이렇게 바퇴가 제시한 예술의 구체적 범위는 이후 많은 사상가의 연구에 큰 영향을 주는데요. 그렇다면 바퇴가 순수 예술이라고 칭한 범위의 확정은 왜 중요할까요?

첫 번째는 그가 보여준 분명한 예술의 범위는 더 이상 예술이 전문적 기술을 기반으로 한 모든 분야를 망라하는 것이 아니라 순수 예술만을 예술 분야로 구분짓는 역할을 했습니다. 예술에 대한 범위의 확립으로 기원전 5세기경 고대 그리스 시대부터 헬레니즘, 중세, 르네상스를 거쳐 16세기까지 예술을 규칙과 법칙에 따른 제작으로 보았던 예술사에 종지부를 찍는 계기가 되었으니 대단한 일이죠?

두 번째로 바퇴가 정한 순수 예술의 범위가 중요한 이유는 이러한 예술에 대한 범위 한정은 예술을 학문화하는 데 밑거름이 되었기 때문입니다. 어떤 분야가 학문화되기 위해서는 정의가 내려질 수 있어야 하는데요. 이러한 과정은 그 분야의 '분류'에서부터 시작된다고 할 수 있거든요. 그러

바움가르텐과 그의 저서 『미학』

한 분류의 범위를 확립한 사람이 바로 바퇴이고, 따라서 그는 미학사에서 중요한 인물 중 한 사람이기 때문에 이 책을 통해 여러분께 소개해 드리고 싶었습니다.

이렇게 바퇴가 예술 개념을 체계화한 것은 이후 바움가르텐이 『미학』이라는 책을 저술함으로써 미학을 독립적인 철학 분야로 정립하는 데 기여했다고 볼 수 있습니다. 이전 시대까지는 감성에 기반을 둔 것들을 학문적으로 인정해주지 않았고 이성적인 것이 우월한 것으로 여겨졌기 때문에 학문으로 발전할 수 있는 개념들은 이성적인 것에 기반을 둔 것들이라고 생각했죠. 하지만 미학자 바퇴에 의한 예술의 범위 확립 이후 탄생한 철학자 바움가르텐의 저서로 인해 감성적인 부분도 학문화되는 길이 열리게 됩니다. 그렇기 때문에 바퇴라는 인물이 너무나도 중요하고 그가 확립한 순수 예술의 범위는 그 의미가 매우 크죠.

제가 논문을 쓸 당시 음악과 다른 예술 분야의 상관성에 대해 이야기할 때 바퇴의 순수 예술 범위를 택한 것도 바로 그 이유에서였습니다. 정말 중요한 사람인데 잘 알려져 있지 않은 것이 개인적으로 아쉬웠고요. 그래서 기회가 된다면 많은 분께 소개하고 싶었습니다.

건축은 기능적인 측면이 우선시되었기 때문에 순수 예술에 비해 예술 분야로 인정받는 데 더 많은 시간이 걸렸는데요. 제가 바퇴의 순수 예술에 그치지 않고 건축을 음악과 상관성을 살펴볼 분야로 포함한 이유를 간단히 말씀드리면 건축물이라는 것 자체가 어떻게 생각해보면 음악이 이루어지는 공간이기 때문에 건축과 음악은 상호 관계성이 나타날 수밖에 없는 분야로 여겨지기 때문이었습니다.

앞서 소개해드린 제 논문 후반 분석 부분에서는 베토벤의 〈다섯 개의 첼로 소나타Five Cello Sonatas〉(1796-1815)에 초점이 맞춰져 있는데요. 흔히 베토벤의 음악을 "건축적이다"라고도 이야기하잖아요? 그 이유는 건축이 가진 형식이 음악을 분석할 때 드러나는 형식과 여러 면에서 서로 유사성을 갖기 때문일 텐데요. 이런 사실들만으로 '건축이 음악에 큰 영향을 준 거야!'라고 단정 짓기에는 다소 무리가 있지만, 기저적인 면을 보았을 때 전혀 영향을 주지 않았다고 이야기할 수도 없거든요. 그래서 이러한 맥락에서 건축이 음악에 형식적인 면에서, 또는 공간적인 면에서 시대적 흐름상 어떤 영향을 주었는지에 대해 이야기 나누려고 합니다.

논문에서는 음악과 다른 예술 분야 간의 관계성에 대해 분야별(음악과 건축, 음악과 문학, 음악과 미술, 음악과 무용)로 나누어 살펴보았는데요. 이 책에서는 쉽게 이해하실 수 있도록 음악과 각 분야(건축·문학·미술·무용)가 어떠한 상호작용이 있었는지에 대해 시대 순서로 정리했습니다. 물론 모든 시대에서 건축·문학·미술·무용과 음악의 뚜렷한 상관성이 드러나는 것은 아니고요. 시대적 흐름 안에서 대표적인 사건을 토대로 서술해나가려 합니다. 그럼 건축·문학·미술·무용과 음악이 어떤 교류가 이루어졌는지 표에 나타나 있는 시대 순서대로 살펴볼게요. 고대 시대부터 시작하겠습니다.

1 　즉 문학의 역사는 대부분 음악보다 한 시대를 앞서 있으며, 이를 통해 문학이 음악의 흐름에 적지 않은 영향을 주었음에 대한 추측이 가능하다(이 책 5장의 '문학과 음악의 예술 사조 흐름' 표 참고).

2 　바퇴는 저서를 통해 '순수 예술'이라는 용어를 정착시키는데, 그 시대 영향력 있는 필자였던 바퇴의 예술에 대한 이러한 분류는 많은 학자에게 영향을 주었다.

3 　철학아카데미, 앞의 책, p. 22.

4 　미론(theory of beauty)과 예술론(theory of art)의 두 형태로 발전해왔다.

5 　강대석, 『철학으로 예술 읽기』(서울: 시대의창, 2020), pp. 39-40.

6 　강대석, 『미학의 기초와 그 이론의 변천』(파주: 도서출판 서광사, 2013), pp. 18-19.

7 　W. 타타르키비츠, 앞의 책, p. 13. 이 개념은 이후 바움가르텐에게서 미(美)는 미학의 근본 범주라는 의미로, 선(善)은 윤리학의 근본 범주로, 진(眞)은 논리학의 근본 범주로 이어진다.

8 　『판단력비판』은 인간의 미적 판단과 자연의 목적성에 대한 탐구가 담겨 있는 저서로, 칸트의 미에 대한 사유가 정리되어있다. 『판단력비판』에 나타난 칸트의 미학적 논의는 음악미학에 대한 철학적 논의에 기본적 토대가 된다. 또한 그가 제시한 미의 판단 기준으로 미적 감각을 통해 모든 인간이 공통으로 느끼는 보편성(allgemeinheit)과 이러한 보편성을 기반으로 하여 각 개인이 가진 개별적인 취향에 따라 내리는 미적 판단인 취미판단(geschmacksurteil), 무관심성(disinterestedness)은 많은 음악가에게 직간접적으로 영향을 주었다.

9 　W. 타타르키비츠, 앞의 책, pp. 13-15.

10 　기술, 장사, 직업이라는 뜻을 가진다.

11 　박민수, 『바움가르텐의 미학 읽기』(서울: 세창미디어, 2015), p. 8.

12 　학자들의 시대순 분류 작업 과정은 W. 타타르키비츠의 『미학의 기본 개념사』를 참고했다(pp. 31-35).

13 　정신의 산물이자 정신과 직접 관계하는 예술을 분류하고자 했다.

14 　르네상스 시기 이탈리아의 대표적 철학자이자 플라톤주의의 중심인물로 1463년에는 플라톤의 모든 저작을 번역하기 시작했으며, 이는 플라톤이 유럽에 소개되는 데 중요한 역할을 한다. 피치노로 인해 아카데미아 플라토니카(accademia platonica)는 이탈리아뿐만 아니라 전 세계에 알려지게 된다. 주요 저서인 『플라톤 신학 *Theologia Platonica de immortalitate animorum*』(1482)은 단순한 플라톤 주해가 아니라, 인간 중심의 독자적인 철학적 사유가 내포되어 있다.

15 　강대석, 『미학의 기초와 그 이론의 변천』, p. 20.

함께 읽으면 좋은 책

게오르크 W. 베르트람.『철학이 본 예술』. 박정훈 역. 세창출판사, 2017.

바퇴.『동일 원리로 환원된 순수 예술』(*Les Beaux Arts réduits â un même Principe*, 1746).
    Legare Street Press, 2022.

백종현.『칸트와 헤겔의 철학』. 아카넷, 2017.

스티븐 다운스 엮음.『음악미학』. 민은기·조현리 역. 음악세계, 2017.

오트프리트 회페.『임마누엘 칸트』. 이상헌 역. 문예출판사, 1997.

웨인 D. 보먼.『음악철학』. 서원주 역. 까치글방, 2011.

이창복.『문학과 음악의 황홀한 만남』. 김영사, 2011.

이충진.『칸트철학의 우회로』. 이학사, 2023.

이하준.『철학이 말하는 예술의 모든 것』. 북코리아, 2013.

칸트.『순수이성비판 1, 2』(*Kritik der reinen Vernunft*, 1781). 백종현 역. 아카넷, 2006.

———.『실천이성비판』(*Kritik der praktischen Vernunft*, 1788). 백종현 역. 아카넷, 2019.

———.『판단력비판』(*Kritik der Urteilskraft*, 1790). 백종현 역. 아카넷, 2009.

크리스티안 헬무트 벤첼.『칸트 미학』. 박배형 역. 그린비, 2012.

플라톤.『파이드로스』. 김주일 역. 이제이북스, 2021.

피오나 휴즈.『칸트의『미적 판단력 비판』입문』. 임성훈 역. 서광사, 2020.

2

고대

고대 시대의 음악과 다른 예술 분야의 연관성에 대한 이야기를 시작해보겠습니다. 고대 시대는 예술 분야 간의 연관성을 확인할 수 있는 자료가 대부분 유실되었기 때문에 다른 시대에 비해 연구를 진행하는 데 어려움이 따릅니다. 하지만 문헌 사학자들은 일반적으로 미학의 기원을 조각에 관한 비평과 반성이 처음 등장한 그리스 시대를 기원으로 보는데요.[1] 고대 시대의 음악에 대한 기록과 자료는 제한적입니다. 하지만 우리는 기록이나 모자이크 같은 그림, 조각들을 통해 로마의 군대생활·연극·종교·의식에서 음악이 중요한 역할을 차지했다는 것을 알 수 있습니다.[2]

고대 시대부터 예술 분야들이 긴밀한 영향을 주고받으며 발전해온 흔적들을 살펴볼 수 있는데요. 건축의 경우는 현재까지 보존되고 있는 건축물들을 통해 음악과의 연관성에 관해 다른 예술 분야보다 비교적 쉽게 접근할 수 있지만, 사실 고대 시대 음악과 건축의 연관성에 대해 뚜렷하게 밝혀진 연구 결과는 아직 미진한 상태입니다. 그러나 형식 분류에서 두 분야가 동일한 명칭을 사용하는 경우가 있다는 점에서, 이들 사이에 일정한 개념적 연관성이 있었음을 짐작할 수 있습니다.

문학의 경우에는 모체인 성경이 음악에도 영향을 주어 종교 음악의 형태로 나타났습니다. 이후 그리스 비극(Greek tragedy)[3] 또한 음악에 영향을 주었는데요, 그리스 로마 사회를 기반으로 창작된 그리스 비극은 잘 알려져 있듯이 음악의 중요한 장르 중 하나인 오페라(opera)의 기초가 되었습니다.

무용의 경우 아쉽게도 음악과의 상관성에 대한 자료가 다른 예술 분야에 비해 많지 않은데요. 이 시대에는 종교적 성격의 무용에 음악이 반주 역할을 했으며, 이러한 사실들은 도자기나 조각 등의 미술 작품에 남겨진 그림으로 유추해볼 수 있습니다.

고대 시대의 건축 · 문학 · 미술 · 무용과 음악

건축	주두 명칭과 그리스 선법 명칭의 동일성과 성격적 유사성	
	황금비의 활용	
	음향학적 관점에서의 건축물	

문학	음악에 영향을 준 문학적 영감	문학적 영향을 받아 탄생한 음악 작품의 형태
	성경	미사곡, 오라토리오, 칸타타
	비극	오페라

미술	암포라에 남아 있는 악기 그림

무용	종교 무용

2.1 건축: 그리스 오더와 황금비율

예술로 인정받기까지 다른 분야들보다 다소 오랜 시간이 필요했던 건축이 음악과 어떠한 상관관계를 보이는지에 대해 가장 먼저 살펴보는 이유는 헤겔의 저서가 저에게 준 영향이 큰데요. 헤겔은 앞서 잠시 소개해 드린 그의 저서 『미학 강의』를 통해 '건축-조각-회화-음악-시' 순서로 논제를 진행해나가는데, 이 순서는 헤겔이 인간의 정신을 담아내기 어렵다고 느낀 순서입니다. 그러니까 헤겔은 건축을 인간의 정신을 표현하기에 가장 어려운 예술 분야로, 시를 가장 높은 단계의 예술 분야로 평가했는데요.

18세기를 대표하는 철학자인 헤겔이 이렇게 생각한 데는 나름대로 이유가 있었습니다. 건축을 제외한 예술 분야의 경우 창작자와 창작물을 실현하는 사람이 동일한 경우가 많습니다.

물론 음악의 경우 쇼팽(Frédéric Chopin, 1810-1849), 리스트(Franz Liszt, 1811-1886), 라흐마니노프(Sergei Rachmaninoff, 1873-1943) 등의 작곡가들은 작곡가임과 동시에 피아니스트이기도 했기 때문에 자신의 작품을 직접 연주하기도 했지만, 음악 작품은 작곡가의 사후에도 많은 연주자를 통해 연주가 지속되기 때문에 자신이 창작한 작품을 다른 연주자의 도움으로 구현되는 경우가 많습니다. 현존하는 작곡가의 작품을 연주한다면 작곡가와 연주가가 직접 대화를 나누어 의견을 교류하거나 작곡가 자신이 의도한 바 등을 연주자에게 요구하기도 하는데요. 이러한 과정은 작곡가 사후에는 불가능한 일이기 때문에 연주자는 올바른 작품 해석을 위해 작곡가의 정신적인 면을 연구하고 그것을 담아내기 위한 노력을 기반으로 작품을 해석하고 연주합니다. 이러한 과정은 작품을 각기 다른 사람이 연주하게 되어도 창작자의 정신은 보존된다고 생각할 수 있는 근거가 됩니다.

하지만 건축의 경우에는 조금 다릅니다. 창작자는 설계자가 되겠죠? 설계자가 창작물이 완성되는 데 간접적인 조언을 할 수 있겠지만 직접적으로 개입하지는 않습니다. 즉, 벽돌을 쌓아 올리는 노동력은 창작자가 직접 실행하는 것이 아니라 다른 사람, 제3자의 손에 의해 형성된다는 것을 의미하는데요. 따라서 이 과정에서는 설계자의 정신적인 면까지 고려되지는 않습니다. 이러한 이유에서 헤겔은 건축이 설계자의 형이상학적 요소와 이를 바탕으로 시공하는 노동자들의 형이하학적 요소가 결합하여 하나의 작품으로 완성되기 때문에 건축물은 노동자들이 물체를 쌓아 올리는 행위로 완성되고, 이 과정에서 설계자의 정신적인 면은 작업 과정에 직접적으로 투영되지 못하는 결과가 초래된다고 생각합니다. 이렇게 완성된 결과물은 외적으로 그 시대의 예술 사조를 상징적으로 반영하기도 하지만 설계자의 정서적 표현이 직접적으로 드러나는 것으로 보기에는 어려움이 있으며, 이러한 이유로 헤겔은 건축이 다소 불완전한 예술이라는 결론에 이릅니다.

하지만 건축은 18세기 이후 다른 예술 분야와 대등한 위치를 얻게 되며, 음악과 마찬가지로 인간의 정신이 투영되는 예술 영역으로 평가되는데요. 현대에 들어와서 건축의 예술적 입지는 헤겔이 활동했던 시대보다 훨씬 높아지게 됩니다. 설계자가 공간을 통해 어떤 감정이나 정서를 담고 싶었는지가 고스란히 느껴지는 것이 신기할 만큼 예술성을 지니게 된 건축 분야는 이제 더 이상 헤겔이 활동했던 시대처럼 인간의 정신과 거리가 먼 예술로 생각되지 않습니다. 그 대표적인 예로 안도 다다오(Ando Tadao, 1941-)와 그의 건축물을 소개해 드릴까 하는데요. 물과 빛, 즉 자연 요소를 이용한 그의 건축물들은 그 공간에 있는 사람에게 안락함과 편안함을 선물합니다. 그의 대표 작품으로는 물과 빛이 건축물과 조화를 이루어 영적인 공간을 창조한 것으로 평가되는 일본 홋카이도에 위치한 물의 교회와

안도 다다오의 〈물의 교회〉

안도 다다오의 〈빛의 교회〉

오사카의 빛의 교회가 있습니다.

　건축가 안도 다다오의 작품들은 사진에서 볼 수 있는 바와 같이 자연적 요소 중 물과 빛을 작품에 조화롭게 이용한 것이 특징인데요. 자연과 공간의 조화를 중요하게 생각하는 안도 다다오의 독창적인 건축철학을 그의 작품을 통해 느낄 수 있습니다. 한국에서도 이러한 안도 다다오의 건축 작품들을 만나볼 수 있습니다. 제주도 서귀포시에 위치한 〈유민 미술관 Yumin Art Nouveau Collection〉은 원래 호텔이었던 건물을 리모델링하여 미술관으로 탈바꿈한 곳으로, 제주도의 자연 경관을 최대한 살리면서도 현대적 미를 강조하고 있습니다.

　또한 강원도 원주시에 위치한 〈뮤지엄 산 Museum SAN〉은 자연과 예술의 조화를 목표로 설계된 미술관으로, 안도 다다오 특유의 미니멀리즘과

뮤지엄 산

노출콘크리트를 활용한 건축 양식이 특징입니다. '산'이라는 미술관의 이름에서 느껴지는 바와 같이 자연과 조화로운 공간으로 디자인된 이 건축물은 건물과 주변의 수(水) 공간, 조각 정원, 명상관 등이 어우러져 독특한 분위기를 자아내는데요. 특히, 명상관에서는 명상과 치유의 공간을 제공하며 방문객이 자연과 하나 되는 경험을 할 수 있습니다.

〈뮤지엄 산〉의 또 다른 특징은 현존하는 세계적인 설치미술가 제임스 터렐(James Turrell, 1943-)의 작품이 상설 전시되어 있다는 것인데요. 제임스 터렐은 빛과 공간을 이용해 관객의 시각적 경험을 재구성하는 독특한 작업으로 유명한 작가입니다. 저도 예전에 뮤지엄 산에 다녀온 경험이 있는데요. 자연과 어우러진 건축물이 주는 편안함이 인상적이었던 기억이 납니다. 특히 자연과 조화를 이루는 이곳에서 제임스 터렐의 상설 전시장은 빛과 색의 대조를 통해 공간을 재구성하고, 관람자가 빛 속에 들어가 직접 경험하게 설계되어 있는데요. 어두운 방에 들어가 빛이 어떻게 공간을 채우고 변형시키는지 체험할 수 있습니다. 시각적으로 완전히 다른 차원으로 이동하는 듯한 경험을 주는 작품으로, 대규모 설치물 안에서 관람객은 빛에 둘러싸여 일종의 감각적 혼돈을 경험하게 되는데요. 색과 빛이 부드럽게 변하면서 감각의 경계가 모호해지는 느낌을 받을 수 있습니다. 〈뮤지엄 산〉은 현대 건축물이 자연 그리고 인간과 소통하고 있음을 보여주는 예인데요. 기회가 되신다면 꼭 한번 방문해보시기를 추천드립니다.

안도 다다오의 건축물 예시를 통해 18세기 후반부터 19세기에 활동했던 헤겔이 생각했던 건축물에 대한 견해가 현대에는 조금 달라질 수 있겠다는 생각이 드시나요? 물론 현재도 헤겔이 살았던 시대와 마찬가지로 건축가가 건축물이 완성되는 데 직접적인 영향을 주지는 않습니다. 하지만 현대의 건물들은 단순히 물리적 구조물 이상의 예술적 표현으로 인식되고 있으며, 현대 건축은 미적 가치뿐 아니라 감정과 경험을 전달하는 예술로 평가받는데요. 이는 헤겔의 관점과 상반되는 현대적 변화라고 볼 수 있습니다. 헤겔의『미학 강의』의 역자인 두행숙 선생님[4]이 서문을 통해 이야기하셨던 것처럼 헤겔이 그의 저서를 통해 주장했던 내용은 어떻게 보면 그가 살았던 시대에 국한된 것으로 볼 수 있습니다. 이러한 사실은『미학 강의』가 중요한 저서임에도 현 시대적 관점에서 해석했을 때 이 책이 가지고 있는 한계점으로 생각될 수 있습니다.

건축물이 가지고 있는 여러 가지 역할 중에 가장 두드러지는 것이 랜드마크적인 역할이 아닐까 싶은데요. 예를 들어 이탈리아 피렌체 하면 두오모 성당(산타 마리아 델 피오레, Santa Maria del Fiore), 프랑스 파리 하면 에펠탑(Eiffel Tower)이 떠오르고, 호주 시드니 하면 오페라하우스가 떠오르죠. 이런 식으로 건축물은 그 도시를 대표하는 성격을 지닌 경우가 많은데요. 음악의 관점에서 건축물을 본다면 음악이 이루어지는 공간으로 표현될 수 있을 것 같습니다.

두오모 성당

에펠탑

오페라하우스

이러한 건축과 음악은 표현 방법에서 공통점이 존재하는데요. 두 분야는 작품 창작에 있어서 각각 체계화된 형식을 기반으로 합니다. 즉 건축은 건축가가 건축 공법을 이용해서, 음악에서는 작곡가가 음악 이론을 이용해서 작품을 창조해냅니다. 또한 건축과 음악은 피타고라스(Pythagoras, B.C. 582?-B.C. 497?)의 수(數)적 개념에 근거하고 있다는 공통점을 가지고 있다고 평가됩니다.[5]

이 밖에도 음악과 건축의 상관성에 관한 연구를 진행하면서 여러 흥미로운 점들을 발견할 수 있었는데요. 연구를 위해 서양 건축사와 관련된 책들에서 고대 그리스 시대의 건축양식에서 사용된 기둥, 즉 오더 양식의 명칭이 음악에서 사용되었던 선법의 이름과 동일하다는 사실을 알게 되었습니다.

그리스 건축의 초기 양식에서부터 이어져 내려온 오더(order)[6]의 명칭과 이 시대 음악 선법인 그리스 선법(Greek Modes)[7]의 명칭에서 보이는 유사성을 통해 건축과 음악의 관계성이 고대 그리스 시대 때부터 나타났음을 유추해볼 수 있습니다. 그리스 시대의 주두(柱頭, capital)[8] 모양에 따른 이름 분류를 보면 음악에서 교회 선법(Church Modes)[9]의 전신인 그리스 선법과 같은 성격적 분류를 하고 있음을 확인할 수 있는데요. 그리스 건축의 오더

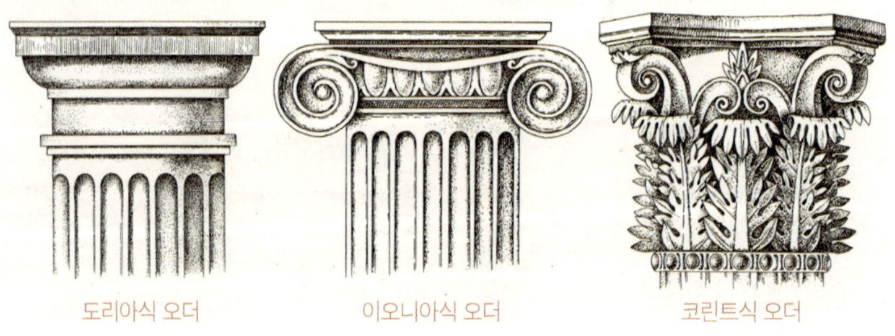

그리스 오더의 종류

양식에서 음악의 선법과 유사한 성격을 지닌 오더가 존재하는데, 도리아 오더(Dorian order)와 이오니아 오더(Ionian order)가 그 예입니다.

그림에서 볼 수 있는 바와 같이 오더의 세 가지 종류, 즉 도리아식 오더, 이오니아식 오더, 그리고 코린트식 오더는 고대 그리스 시대의 건축물 기둥에 사용되었던 대표적 형태인데요. 그중에서 도리아식 오더와 이오니아식 오더가 음악에서 사용되었던 선법과 같은 명칭을 사용했을 뿐만 아니라 성격적 유사성을 보입니다.

도리아식 오더는 기원전 12세기에 펠로폰네소스반도를 침략한 도리아인[10]에 의해 널리 전파된 오더로 이후 로마인이 수정한 것으로 전해지는데요. 주두의 유형 중 가장 기본적이고 단순하며, 도리아식 주두로 시작되는 기둥 모양은 남성 신체의 비례 관계와 유사하게 고안된 것으로 알려져 있습니다. 이러한 도리아식 오더를 이용한 대표 건축물로는 아폴론(Apollo) 신전과 아테네의 수호여신 아테나를 위해 건립한 파르테

아폴론 신전

파르테논 신전

논(Parthenon) 신전 등이 있습니다.

　이오니아식 오더는 도리아식과 대비되는 성격의 건축 기법인데요. 이오니아 민족에 의해 창안된 것으로 도리아식에 비해 장식적이고 기둥의 넓이가 눈에 띄게 얇아졌으며, 여성스러운 분위기로 표현된 것이 특징입니다. 아테네 아크로폴리스(Acropolis)에 있는 에레크테이온(Erechtheion) 신전, 니케(Athena Nike) 신전 등이 대표적인 이오니아식 오더 건축물로 파르테논 신전과 함께 기원전 5세기경에 건축된 것으로 추정됩니다.

에레크테이온 신전

니케 신전

이 두 오더는 음악 선법 중 도리아 선법(Dorian mode), 이오니아 선법(Ionian mode)[11]과 같은 이름을 쓰고 있는데요. 제가 논문 주제를 연구하면서 알게 된 여러 역사적 사실 중, 고대 시대의 음악과 건축에서 같은 용어가 사용되었다는 것에 놀랐던 기억이 납니다. 이 시대의 음악과 건축이 서로 직접적인 영향을 주고받았는지에 대한 자료는 아쉽게도 남아있지 않지만, 두 분야의 이론적 분류에서 성격적 구분의 근거가 같았다는 것만으로도 흥미로운 사실이죠?

음악에서의 그리스 선법은 그리스 시대 건축에서 보여주는 오더의 종류보다 다양한데요. 최초의 음악 이론서를 남긴 아리스토크세누스(Aristoxenus, B.C. 4세기경)[12]는 테트라코드(Tetrachord)[13]의 결합으로 발생한 두 옥타브의 음 체계인 '대완전 체계(The great perfect system)'와 한 옥타브의 음 체계인 '소완전 체계(The lesser perfect system)'를 정립합니다.

이후 2세기경에 수학자이자 음악이론가인 프톨레마이오스(Claudius Ptolemaeus, 100?-170?)가 옥타브 유형을 현재 그리스 선법으로 알려진 일곱 가지로 체계화[14]했는데요. 그가 정리한 그리스 7선법[15] 중 도리아 선법과 그리스 7선법에는 포함되어 있지 않지만, *The New Harvard Dictionary of Music*[16]과 이 시대 대표 철학자인 플라톤의 여러 저서에서 언급되는 이오니아 선법의 성격에 대한 서술을 통해, 건축에서의 남성적인 도리아식 오더와 대비되는 여성적이고 장식적인 것이 특징인 이오니아식 오더가 갖는 성격과 유사함을 확인할 수 있습니다.

이러한 이오니아 선법은 이후 16세기경 글라레아누스(Henricus Glareanus, 1488-1563)[17]에 의해 교회 선법으로 정립되며, 이에 따라 음악사 문헌들에서는 16세기 이후부터 이오니아 선법을 다루고 있지만 여러 자료를 통해 르네상스 시대 이전에 이오니아 선법이 존재했던 것을 알 수 있습니다.

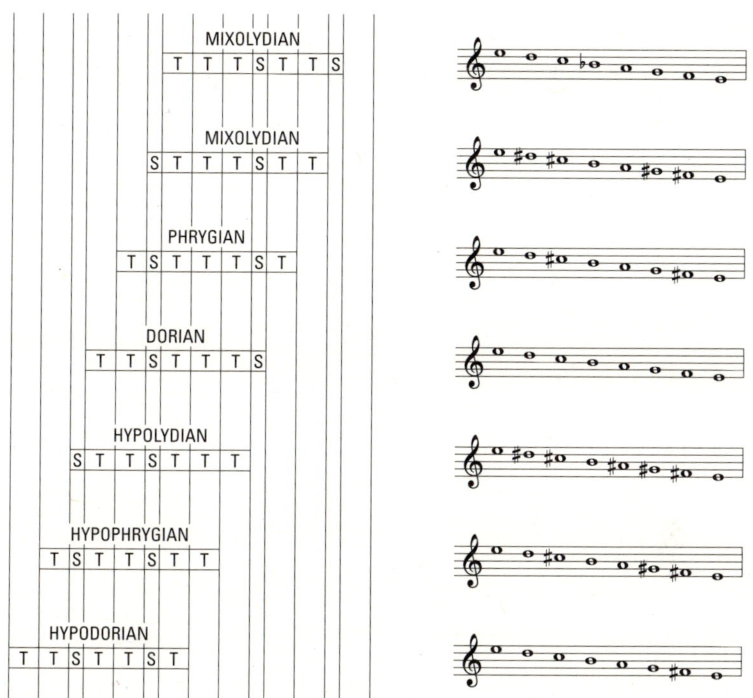

그리스 선법의 음계 구조[18]

왼쪽은 선법에서의 온음과 반음의 배치를 문자로 보여주고(T: 온음, S: 반음), 오른쪽은 한 옥타브(소완전 체계)
안에서의 선법 음계를 보여준다.

도리아식 오더는 남성적이고 단순한 형태를 가지고 있는 반면, 이오
니아식 오더는 이와는 상반되게 여성적인 모습을 보이는데요. 이러한 오
더의 성격적 특징은 음악의 도리아 선법과 이오니아 선법에서도 동일하
게 나타납니다.

사실 고대 그리스 시대의 음악이나 악보와 같은 자료가 현존하고 있
지는 않기 때문에 실질적인 확인이 어렵지만, 몇몇 저서를 자료로 활용해
서 선법의 성격을 추측해볼 수 있습니다. 건축물 오더의 경우 특징을 직접
확인할 수 있는 그 시대의 건축물이 남아있지만, 음악의 경우 건축과 같이

선법의 특징에 대한 뚜렷한 자료가 남아있지 않기 때문에 선법에 대한 자신의 생각을 담은 플라톤의 저서를 통해 설명할 수 있습니다.

플라톤에 대해 잠시 설명해 드리면 그는 예술이 미메시스(mimēsis),[19] 즉 모방에서부터 시작된다고 보았던 철학자입니다. 고대 그리스 시대를 대표하는 철학자인 플라톤과 아리스토텔레스는 세부적 미학론에서는 차이점을 보이지만 예술을 바라본 관점에 대해서는 의견을 같이했는데요. 두 철학자는 예술을 자연의 이상화 혹은 자연의 모방이라고 보았습니다.[20] 플라톤과 아리스토텔레스는 저서들을 통해 미메시스에 기초를 둔 예술에 대한 사유를 정리해놓았는데요. 예술을 모방으로 이해한 이 개념은 오랜 시간 동안 예술은 이해하는 데 기본적인 틀의 역할을 했습니다.

플라톤의 음악적 사유가 나타난 이론 중 하나인 에토스(ethos)론[21]은 음악이 인간의 도덕성에 미치는 영향력에 대해 설명하며, 인간의 정서를 타락시킬 수도 있는 음악을 엄격한 검열을 통해 제한해야 한다고 주장했는데요.[22] 건축에서 나타나는 오더의 성격과 음악 선법을 구분하는 용어의 성격이 유사하다는 점은 바로 플라톤의 에토스론을 통해 추론할 수 있습니다. 플라톤이 주장한 음악에 대한 허용 범위는 이성적이고 도덕적인 성격을 지닌 음악에 국한된 것이었는데요. 그는 도리아 선법과 같은 특정 선법으로 작곡된 작품이나, 피타고라스가 주장했던 수적 음악의 규칙을 따르는 것을 이성적인 음악이라고 여겼으며, 이를 권장했습니다.

플라톤의 제자인 아리스토텔레스는 예술이 모방이라는 점에서 스승과 견해를 함께하지만, 예술에 대한 입장에서는 차이를 보입니다. 플라톤은 예술이 이데아의 모방으로서 진리에서 멀어진다고 보고 일부 제한적인 예술만을 허용했지만, 아리스토텔레스는 예술에 대한 적대적인 태도를 취하지 않는데요. 특히 감정적 표현을 담은 예술에 대해 플라톤과 달리 배척하지 않았습니다.

아리스토텔레스의 주요 저서인 『시학』에서는 이러한 성향이 잘 드러나 있습니다. 그는 비극에서 나타나는 감정적 요소들이 인간에게 나쁜 영향을 끼치는 것이 아니라, 간접적 전달을 통해 오히려 관객이 그러한 정서로부터 해방될 수 있다고 주장했는데요. 여기서 등장하는 개념이 바로 '카타르시스(catharsis)'입니다. 아리스토텔레스는 카타르시스를 통해 관객은 감정의 정화를 경험하며, 비극이 인간에게 긍정적인 영향을 미친다고 보았습니다. 아리스토텔레스는 각 사물의 개별적인 특징에 대한 탐구를 중시했으며, 이러한 철학적 관심은 그의 미학 사유에도 영향을 주었는데요. 이는 그의 저서 『시학』에서 구체적으로 나타나며, 예술의 모방을 단순한 복제가 아닌 학습과 인간 경험의 중요한 요소로 여겼습니다.

이와는 대조적으로 플라톤은 음악에 대해 좀 더 보수적인 입장을 취했습니다. 그는 『국가Politeia』와 『필레보스Philebus』에서 음악이 인간의 감정을 교란시키거나, 불균형한 음악이 인간의 도덕성에 해롭다고 주장했는데요. 플라톤의 선법에 대한 논의는 특히 그의 저서 『국가』 제3권에서 다루어진 내용으로, 여기에는 음악·선법·리듬에 대한 플라톤의 생각이 담겨있습니다.

그는 음악의 윤리적 영향에 대해 논의하면서, 특정 선법이 인간의 도덕성과 감정에 미치는 영향을 강조합니다. 따라서 그는 용기와 절제를 상징하는 도리아 선법과 프리지아 선법을 긍정적으로 평가하며, 이오니아 선법과 리디아 선법은 나약함과 감정적 불안정을 일으킨다고 하여 배척해야 한다고 주장합니다. 그는 이러한 음악적 요소들이 국가의 교육과 정치 체제에 중요한 역할을 한다고 보았으며, 그에 따라 엄격한 규제를 강조했는데요. 이는 음악이 인간의 도덕성과 사회적 질서에 미치는 영향을 깊이 고민한 결과라 할 수 있습니다. 플라톤의 이러한 주장을 통해 건축에서의 도리아식 오더와 이오니아식 오더가 음악에서의 도리아 선법, 이오니아 선법과 유사한 성격을 지닌다는 것을 추측할 수 있는 근거가 됩니다.

또한 한슬리크(Eduard Hanslick, 1825-1904)는 그의 대표 저서『음악미론 *Vom Musikalish-Schönen*』(1854)에서 고대 그리스인이 각 선법을 목적에 맞게 구분하여 사용했음을 설명합니다. 도리아 선법은 아주 엄숙한, 특히 종교적인 계기를 위해 사용되었으며, 프리지아 선법은 군사적 용도로, 리디아 선법은 슬픔과 비애를 의미했으며, 에올리아 선법은 사랑이나 술에 의해 유쾌해졌을 때 연주되었다[23]고 서술하고 있는데요. 이는 고대인이 목적에 맞는 선법을 엄격하게 구분하여 사용했음을 알려주는 내용입니다.

고대 그리스 시대의 건축에서 사용되었던 개념 중 음악에 아이디어를 제공한 또 다른 예로는 황금비(黃金比, golden ratio)를 들 수 있는데요. 황금비율의 정확한 사용 시작 시기와 창안해낸 인물에 대한 구체적인 자료는 없지만, 수학적 원리를 이용한 개념인 만큼 피타고라스와 관련되었다는 설이 있습니다.

많은 학자들은 파르테논 신전의 기둥 높이와 기둥 간격이 9 : 4 또는 1 : 1.618에 의한 황금비라 주장하는데요. 황금비율은 고대 이집트의 피라미드 등 건축물에서뿐만 아니라 많은 예술 작품에서 흔하게 찾아볼 수 있는 개념이기도 합니다. 미술 작품에서 황금비율을 이용한 예로는 중세 시대 레오나르도 다빈치(Leonardo da Vinci, 1452-1519)[24]의 〈최후의 만찬 The Last Supper〉(1495-1497)[25] 구도와 〈모나리자 Mona Lisa〉(1503-1506)에 나타나는 얼굴 비율이 대표적인데요. 음악에서도 건축에서 시작된 황금비율의 활용을 찾아볼 수 있습니다.

그 예로 악곡 구조에서는 바르톡(Bela Bartok, 1881-1945)의 〈콘트라스트 Contrasts For Violin, Clarinet and Piano, Sz. 111〉(1938)에서 정확하게 1.618에서 클라이맥스(climax)가 형성되었는데, A-B-A′-Coda로 구성된 1악장 전체 93마디에 황금비율인 1.618을 곱하여 계산되는 57마디가 이 악장의 클라

바르톡

바르톡, 〈콘트라스트 Sz. 111〉, 1938
https://youtu.be/orU96EALelU?feature=shared

이맥스임을 확인할 수 있습니다. 이는 작곡가에 의해 의도적으로 맞추어진 비율로, 베토벤의 교향곡을 비롯한 많은 음악 작품의 발전부 끝에 클라이맥스가 형성된 것을 보면 황금비율 구조가 건축·미술 작품과 더불어 음악에서도 자주 사용되었음을 알 수 있습니다. 이렇게 황금비는 건축에서 사용된 수학적 비율이 음악에서 사용된 예라 할 수 있습니다.

　고대의 음악과 건축의 연관성은 음향학적 관점에서의 건축물로도 나타납니다. 고대에는 최초의 공연 장르인 연극이 발생했고, 연극이 이루어지는 원형극장(amphitheatre)이 건설되었는데요. 이 시대의 야외극장은 단순히 공연을 보거나 즐기는 장소에 머무는 것이 아니라 역사·철학 등에 대해 토론하고 이를 통해 민주주의 정신을 키워나가는 공간이었습니다. 그렇기 때문에 음악보다는 언어 전달을 더 중요하게 생각했는데요. 연극

디오니소스 극장

객석의 경사에 따른 음성 에너지의 전달 각도

에서의 대사 전달이나 연설의 내용이 듣는 사람들에게 잘 전달되어야 했습니다. 하지만 이 당시는 모두 아시겠지만 마이크, 스피커 등과 같은 음향 장비가 존재하지 않았는데요. 그렇기 때문에 소리의 전달과 반사, 공명 등을 고려하여 건축물, 즉 무대가 설계되었습니다.

특별한 음향 장비 없이 먼 관중석까지 잘 들릴 수 있었던 비결은 야외극장 객석의 기울기에 있었는데요. 따라서 이 시대의 건축물은 가파른 객석 기울기가 특징입니다. 객석이 평지인 경우에는 음성 에너지 전파 각도가 작은 데 비해 객석이 기울어진 경우에는 전파 각도가 매우 커지는 것을 알 수 있는데요. 이는 전달되는 음성 에너지의 총량이 객석의 기울기로 인해 증가하게 되는 것, 즉 소리가 전달되는 강도의 차이를 말합니다. 효과적인 음향 전달을 위해 객석의 기울기가 약 22-26° 사이로 건축되었다고 전해지는데요.[26] 이 시대의 무대 건축물이 음향을 고려하여 만들어졌고, 이것이 현재 음악당과 같이 연주회가 이루어지는 건축물의 표본이 되고 있다는 것은 고대 건축과 음악의 연관성을 보여주는 예라 할 수 있습니다.

고대 그리스 시대 음악과 건축의 교류를 입증할 자료는 부족하지만, 두 분야의 중요한 개념이 동일한 분류 근거를 공유한다는 점은 흥미로운 사실입니다. 또한 건축에 사용된 황금비 개념이 음악에서도 활용되었으며, 공연이 이루어지는 장소인 건축물은 특별한 음향 장비 없이도 관중에게 소리를 효과적으로 전달하기 위해 음향을 고려했다는 점 등은 주목할 만한 사실입니다.

그리스 선법과 교회 선법

 그리스 선법과 교회 선법은 음악 이론에서 중요한 개념이며, 음계와 선법을 설명하는 데 사용됩니다. 그리스 선법은 고대 그리스 시대에 사용되었으며, 교회 선법은 중세 교회 음악에서 발전했습니다. 이 두 선법은 공통점도 있지만, 이론적 구조와 용도에서 몇 가지 중요한 차이점이 있는데요. 아래 표를 통해 공통점과 차이점을 정리해보았습니다.

그리스 선법과 교회 선법의 비교

구분	그리스 선법	교회 선법	공통점
시대	고대 그리스 (기원전 5세기-1세기)	중세(6-16세기)	음악적 선법 체계로 사용됨
음계 구조	테트라코드(4음 음계)의 조합으로 구성	7개의 음으로 구성된 음계	음계 내에서 특정 음 높이를 기반으로 한 구조
음악적 용도	윤리적, 교육적, 감정 표현에 사용	성가 및 종교적 음악에 사용	선법이 특정 분위기나 용도에 맞게 사용됨
시작 음	각 선법의 고정된 시작 음 없음	특정한 음에서 시작	
철학적 배경 (목적)	음악의 윤리적·교육적 효과 중시	기독교 종교 음악의 체계 확립	선법이 인간의 감정에 미치는 영향 중시
기보법	구체적인 기보법 없음	네우마 기보법 사용	

 우선 그리스 선법과 교회 선법의 공통점은 모두 음악의 선법 체계를 설명하는 이론적 틀이라는 것입니다. 특정한 음계와 선법이 어떤 분위기나 성격을 나타낸다고 생각했는데요. 즉, 종교적 특징을 살리는 음악 또는 다양한 감정을 표현하는 경우의 음악 등 상황에 따라 선법을 선택했습니다.

하지만 사실 두 선법은 공통점보다 차이점이 더 많은데요. 가장 큰 차이는 음계의 구조라고 할 수 있습니다. 즉 그리스 선법이 4음 음계인 테트라코드의 조합으로 이루어진 것이라면, 교회 선법은 7음 음계로 구성되어 있습니다. 이 밖에도 시작 음, 기보법의 유무 등의 차이를 보이는데요. 교회 선법은 그리스 선법의 영향을 받았기 때문에 선법 명칭이 유사하다는 점, 음계를 이용하여 선법을 만들었다는 점 등은 유사하지만 그리스 선법과 비교해보면 훨씬 더 발전된 모습을 보입니다.

2.2 문학: 성경과 그리스 비극

구약 성경의 시편(psalm)은 시 모음집의 일종으로 기원전 11세기경 다윗이 작시한 신에 대한 찬양, 환희 그리고 비탄 등을 표현한 시들이 담겨 있습니다. 이러한 시에 대한 음악으로의 표현은 음악적 요소가 완벽히 갖춰진 모습이 아닌 초기 형태의 레치타티보(recitativo)[27] 형식으로, 이 시대의 시를 담은 음악은 신과의 교감을 위한 것이었음을 추측해볼 수 있습니다.

성경은 많은 작가에게 영감을 제공했는데요. 대표적인 예로 괴테(Johann Wolfgang von Goethe, 1749-1832)의 『파우스트*Faust*』(1808, 1825, 1831)[28]는 욥기[29]에서, 밀턴(John Milton, 1608-1674)[30]의 『실낙원*Paradise Lost*』(1667)은 창세기에서 아이디어를 얻어 창작된 작품으로 알려져 있습니다.

또한 성경은 문학뿐만 아니라 미술과 음악 창작에도 영향을 주었는데요. 미켈란젤로(Buonarroti Michelangelo, 1475-1564)와 렘브란트(Harmenszoon van Rijn Rembrandt, 1606-1669)의 작품들, 헨델(Georg Friedrich Händel, 1685-1759)과 J. S. 바흐(Johann Sebastian Bach, 1685-1750), 그리고 하이든(Franz Joseph Haydn, 1732-1809)의 음악에 이르기까지 이러한 예술 작품들은 성경 없이는 생각할 수 없는 것들이죠.[31] 이렇게 성경은 문학의 출발점 역할을 시작으로, 다른 분야의 많은 예술가에게 영감을 주는 문헌으로 자리 잡습니다.

성경의 영향을 받은 대표적인 음악 작품으로는 하이든의 〈천지창조 Die Schöpfung〉(1797), 바흐의 〈마태 수난곡 Matthäus-Passion, BWV 244〉(1727), 헨델의 〈메시아 Messiah〉(1741) 등의 오라토리오(oratorio)[32]와 모차르트(Wolfgang Amadeus Mozart, 1756-1791)의 미사곡(Missa), 레퀴엠(Requiem) 등이 있습니다.

고대 그리스의 서사시와 음악의 연관성도 찾아볼 수 있습니다. 호메로스(Homeros, B.C. 800?-B.C. 750)의 『일리아스*Iliad*』와 『오디세이 *Odyssey*』는 고대 그리스의 대표적인 서사시인데요. 이러한 서사시들은 종종 음악과 함께 낭송되었다고 알려져 있습니다. 특히, 호메로스의 작품은 당시의 현악기인 리라(lyre)를 사용하여 반주하며 낭송되었다고 전해지는데요. 이는 음악이 시의 보조적 역할을 하는 형태이기는 하지만 고대 문학에서 비중 있는 역할을 했음을 보여주는 사례로, 이 시대 문학과 음악 사이에 어떠한 상호작용이 있었는지를 알려줍니다.

문학사에서 고대 그리스 문학은 초기 서사시가 형성된 기원전 8세기경부터 비잔티움 제국(Byzantium Empire)[33] 시대 중 4세기경까지 고대 그리스어로 쓰인 문학을 의미합니다. 그리스 시대의 비극은 음악에서 오페라의 모체가 되었는데요. 아리스토텔레스는 서사시와 비극에 대한 예술의 본질과 목적을 탐구한 『시학』[34]이라는 저서를 남겼습니다.

오페라의 시작은 야코포 페리(Jacopo Peri, 1561-1633)[35]의 〈다프네 *Dafne*〉(1597)[36]라는 작품으로 알려져 있는데요. 기록만 남아있고 아쉽게도 악보는 남아있지 않죠. 따라서 현존하는 최초의 오페라는 1600년대 페리와 카치니(Giulio Caccini, 1551-1618)의 작품인 〈에우리디체 *Euridice*〉[37] 입니다. 이 작품은 이탈리아의 피렌체에서 처음으로 공연되었는데요. 페리와 카치니는 〈에우리디체〉를 각각 작곡했으며, 이 작품들은 오페라의 초기 형태를 대표합니다.

〈에우리디체〉는 고대 그리스 신화를 기반으로 하고 있는 오페라로, 오르페오와 에우리디체의 이야기를 다루고 있는데요. 이 작품은 다성 음악(polyphony)[38]곡으로 레치타티보를 조합하여 오페라의 초기 형태를 제시했습니다. 페리와 카치니는 오페라의 선구자로 인정받고 있으며, 그들의 노력은 이후의 오페라 발전에 큰 영향을 미쳤습니다.

이렇게 문학의 모체인 성경은 음악에서의 여러 종교 음악에 영향을 주었으며, 고대 그리스 시대의 비극과 신화는 오페라라는 장르가 출현하는 데 중요한 역할을 했습니다.

2.3 미술: 제례 음악과 암포라

　　고대 시대의 미술은 음악과도 깊은 연관이 있는데요. 당시 물·기름·술·곡식·물고기 등의 식료품을 저장하기 위해 사용되었던 도자기인 암포라(Amphora)에는 제례 예식의 모습, 춤추는 모습, 사냥하는 모습, 그리고 악기를 연주하는 모습 등 이 시대 사람들의 다양한 활동이 그림으로 표현되어 있습니다. 이처럼 고대 시대의 도자기나 조각에서는 악기와 제례 예식에서의 연주 장면이 자주 등장하는데요. 이는 음악과 미술이 이 시대 사람들의 생활에서 얼마나 밀접하게 연결되어 있었는지를 보여줍니다. 특

암포라

히 이 시대의 음악과 관련된 미술 작품들은 두 분야의 연관성을 시각적으로 보여주는 동시에 종교의식, 축제 등 일상생활에서 음악이 중요한 역할을 담당했다는 사실을 설명해주는 자료입니다.

고대 미술 작품에서 자주 묘사되는 대표적인 악기로는 아폴론(Apollon)의 제례 때 사용된 악기인 키타라(kithara), 키타라와 유사하지만 개인적인 연주를 위해 사용되었던 리라, 그리고 술과 축제의 신 디오니소스(Dionysos)의 제례에서 사용되었던 아울로스(aulos) 등이 있습니다. 암포라에 남겨진 고대 미술 작품은 음악이 단순한 오락 활동 중 하나가 아니라, 종교 활동이나 공동체 생활에서 중요한 역할을 했음을 보여주는데요. 이러한 미술 작품은 현대에도 음악과 미술의 본질적인 관계를 이해하는 데 있어서 귀중한 자료로 평가받고 있습니다.

2.4 무용: 종교 무용

무용에서의 동작과 리듬이 음악의 형식적 구조에 영향을 주었다는 것은 잘 알려진 사실입니다. 예를 들어 고대의 무용에서 나타나는 패턴과 반복적인 동작이 음악의 리듬 구조에 영향을 주었고, 이는 중세와 르네상스 시대에 발전하여 춤곡 같은 음악 형식이 가능할 수 있게 도왔습니다.

고대 시대 무용과 음악의 관계는 아쉽게도 뚜렷한 증거가 남아있지 않은데요. 도자기, 조각, 그리고 건축물의 벽화에 남겨진 그림에는 종교의식이나 행렬의 모습, 춤추는 사람과 함께 악기를 연주하는 연주자의 모습이 묘사되어 있으며, 이를 토대로 오래전부터 무용과 음악이 함께해왔음을 짐작할 수 있습니다.

고대 그리스 시대는 공연 예술로서의 음악을 따로 구분하여 선율, 가

고대 시대 그림에 보이는 악기 연주자

사, 양식화된 춤 동작이 하나를 이루어 이를 '멜로스(melos)'[39]라고 했는데요. 음악에서 선율을 뜻하는 용어로 사용되는 '멜로디(melody)'는 여기서 파생된 것으로 전해집니다.

인간이 자신의 의사를 표현하기 위한 수단으로 사용하던 몸짓은 언어가 발달하게 됨에 따라 차츰 종교적인 표현을 위한 것으로 변화되는데요. 무용의 발생은 크게 수렵 무용, 전쟁 무용, 종교 무용으로 나눌 수 있습니다. 사실 수렵과 전쟁 무용은 종교 무용에 포함된다고 볼 수 있는데요. 선사 시대 동굴 벽화를 통해 신에게 많은 수확을 빌기 위해 춤을 추고, 전쟁에서 승리를 기원하기 위해 춤을 추었던 모습을 유추해볼 수 있습니다. 이후 고대 그리스 시대에 들어와서 단순히 종교적 측면의 춤뿐 아니라 무용 교육에 대한 관심이 생겨나게 됩니다.

무용의 역사는 인간의 역사와 더불어 가장 원시적이고, 인간 행위의 기본을 바탕으로 생각되는데요. 그래서 혹자는 인간의 걷는 모습인 보행을 두 박자에 의한 무용의 기본형이라고까지 언급하기도 하며, 무용의 기원은 우주와 더불어 시작되었고 음악에서 많이 사용되는 론도(rondo)라는 형식은 round, 즉 우주의 원리인 원(圓)운동에서 비롯되었다고 말하기도 하죠.[40] 그러므로 무용의 기본은 인간의 행위에서 비롯되었다고 볼 수 있으며, 음악은 이러한 무용적 행위의 영향을 받습니다. 예를 들어 음악가들이 연주할 때의 움직임들도 무용이 음악에 스며들어 있다고 해석할 수 있죠. 말러(Gustav Mahler, 1860-1911)가 지휘하는 모습을 담은 스케치는 지휘자를 포함해 음악가들이 무대에서 연주하는 모습에서도 무용적 요소를 찾는 것이 가능함을 보여줍니다.

음악은 이렇게 무용과 긴밀하게 연관되어 있습니다. 고대 사회에서 음악은 종교의식, 축제, 그리고 일상생활의 다양한 활동에서 중요한 역할을 했는데요. 이러한 경우에 음악과 무용은 사람들의 감정적·신체적 표

말러와 그의 지휘 모습을 담은 일러스트[41]

현의 수단으로 사용되었습니다.

고대 문명, 즉 이집트, 메소포타미아, 그리스, 로마 등 여러 문명에서 음악과 무용이 종교의식과 축제의 필수적인 요소였음을 보여주는 자료는 미술작품에서 쉽게 찾아볼 수 있습니다. 고대 그리스의 아폴론과 디오니소스 제례[42]에서 음악과 무용이 중요한 역할을 했다는 것을 그 예로 들 수 있는데요. 이러한 종교적인 축제는 고대 그리스에서 매우 중요한 문화적 행사였고, 이 축제에서 음악과 무용 공연이 서로 긴밀히 연관되어 있었습니다. 합창단(chorus)과 무용으로 이루어진 종교 축제는 음악과 무용의 결합을 상징하는 중요한 요소였는데요. 이성적인 아폴론 제례의 성격과 열정적인 디오니소스 제례가 갖는 각각의 성격적 대립은 이후 음악사에서 끊임없이 그 맥을 이어갑니다.[43]

또한 민속 음악과 무용은 밀접하게 연결되어 있습니다. 전통적인 민속 무용은 언제나 음악과 함께 나타나는데요. 이는 공동체의 역사와 문화를 표현하는 데 음악과 무용이 오랜 시간 함께해왔음을 보여주는 단적인 예라 할 수 있습니다. 고대 사회에서 음악과 무용은 단순히 개인의 예술적 표현을 넘어 공동체의 유대감을 강화하는 중요한 수단이었습니다. 이렇게 민속 무용은 음악과 결합하여 공동체의 역사와 전통을 표현하고 사람들 간의 유대감을 강화하는 역할을 했는데요. 이는 음악과 무용이 사회적 결속력을 강화하는 역할을 함께해왔음을 보여줍니다.

이후 중세와 르네상스 시대의 궁정에서 음악과 무용이 결합된 형태로 발전하게 되는데요. 특히 르네상스 시대 이탈리아와 프랑스에서 시작되어 바로크 시대에 음악과 함께 발전하는 발레는 음악과 무용이 결합된 형식으로, 이야기와 감정을 전달하기 위해 음악이 무용과 어떻게 협력했는지를 보여줍니다. 이렇게 발레 음악은 무용수의 동작이 더 돋보일 수 있도록, 작품이 더 빛날 수 있도록 도와주는 중요한 역할을 합니다.

무용은 고대 이후 중세 시대를 거쳐 바로크 시대에 확립된 춤곡을 이용한 기악곡의 탄생에 영향을 주었으며, 이후 음악 형식의 정립 등에도 영향을 주게 되는데요. 이에 대한 자세한 내용은 이야기를 진행하면서 차차 설명해 드리도록 하겠습니다.

1 　베네데토 크로체, 『미학』, 권혁성 외 역(경기: 북코리아, 2019), p. 209.

2 　Donald J. Grout, Claude V. Palisca, and Peter J. Burkholder, 『서양음악사』 제4판, 세광출판사 편집국 역(서울: 세광출판사, 1988), p. 16.

3 　아이스킬로스(Aeschylos, B.C. 525?-B.C. 456)는 『오레스테이아 *Oresteia*』(B.C. 458), 『페르시아인 *Persian*』(B.C. 472) 등의 작품이 온전하게 남아있는 최초의 그리스 비극 작가이며, 소포클레스(Sophoklēs, B.C. 496-B.C. 406)는 그리스 비극의 완성자로, 대표 작품으로는 『오이디푸스 왕 *Oidipous Tyrannos*』과 『안티고네 *Antigone*』가 있다.

4 　『헤겔의 미학 강의 1, 2, 3』(서울: 은행나무, 2020)의 역자다.

5 　게오르크 빌헬름 프리드리히 헤겔, 『헤겔의 미학 강의 3』, 두행숙 역(서울: 은행나무, 2020), p. 119.

6 　주추(기초), 주신(기둥), 주두(건물을 받치는 머리)로 나누어지는 고대 그리스 시대의 건물 기둥을 말한다. 그리스 시대의 오더는 세 가지 종류로 도리아(Doric) · 이오니아(Ionia) · 코린트(Corinth) 양식이 있다.

7 　고대 그리스 시대의 음악 이론에 의한 선법으로 대표 악기인 키타라(kithara)를 바탕으로 하여 고안된 한 옥타브로 구성된 음의 조직을 말한다.

8 　원주나 벽기둥 상단에 얹혀 있으며, 위의 아치를 지탱하고 있는 건축물의 일부 혹은 여러 형태 기둥들의 맨 윗부분에 얹혀 있는 부분을 뜻한다. 구조적으로 건물 상부로부터 무게를 전달하는 중요한 역할을 한다.

9 　음계에 관련된 이론은 고대 그리스 시대 때부터 시작되며, 고대 교회 선법은 중세의 것과 차이점이 있다. 고대 그리스 음계의 영향을 받은 교회 선법은 기독교 성가의 보급과 교육이라는 목적을 가지고 시작되어 6-16세기의 1,000여 년에 걸쳐 발전 · 변화되었다. 고대 그리스에서는 음계의 최소 구성단위를 테트라코드로 보았으며, 이러한 테트라코드의 연결로 완성된 음계에 그리스 민족의 이름을 본떠 명명된 7개의 선법을 정립했다.

10 　기원전 16세기에서 기원전 12세기 무렵에 그리스반도로 남하하여 스파르타(Sparta) 등의 폴리스(polis)를 건설한 민족이다.

11 　글라레아누스(Henricus Glareanus, 1488-1563)가 고안해낸 단조(Moll)의 모체 에이올리아(aeolian, cantusmollis)와 더불어 교회 선법에 첨가된 선법이다. 이오니아 선법(ionian cantusdurus)은 '견고한 조'를 뜻하기도 하며, 이로부터 독일어 장조(Dur)가 유래되었다. 이 두 선법도 변격 선법이 존재하는데, 이에 따라 히포에이올리안(hypoaeolian), 히포이오니안(hypoionian)을 포함하여 총 12개의 선법이 완성되었다.

12 　아리스토크세누스는 음계 정리뿐만 아니라 시의 운율에 따라 리듬을 정리했으며, 이후 성 아우구스티누스(Aurelius Augustinus, 354-430)가 음악 이론서 『음악론 *De Musica*』(387-

391)에서 리듬 구조로 확대시켰다.

13   연속하는 네 음으로 구성된 음렬을 뜻하는 말로 최고음과 최저음이 완전 4도를 이루고
      있다.

14   홍정수 외,『두길 서양음악사 1』(파주: 나남출판, 2006), p. 160.

15   도리아, 히포도리아(hypodorian), 프리지아(phrygian), 히포프리지아(hypophrygian), 리
      디아(lydian), 히포리디아(hypolydian), 믹솔리디아(mixolydian)를 말한다.

16   Don Michael Randel, *The New Harvard Dictionary Of Music*(Cambridge, Mass.: The Har-
      vard University Press, 1986), p. 349에서는 세 가지 목록으로 나누어 그리스 시대의 선법에
      대해 설명하고 있으며, Table 3에 이오니아 선법이 언급되어 있다.

17   스위스의 음악이론가로 음악 이론서『도데카코르돈 *Dodecachordon*』(1547)을 통해 12개
      의 교회 선법을 소개했으며, 이는 근대 음악 이론의 기초가 되었다.

18   앞의 책, p. 161 참조하여 재작성.

19   모방이라는 뜻으로 플라톤은 개별적 사물은 참된 실재인 이데아(idea)의 모방이라고 보며
      이데아보다 낮은 차원으로 생각했다. 그는 예술도 모방으로 이해하여 이데아의 영상이라
      고 하고, 감성계의 모방에 불과한 것이라고 생각하여 예술을 멸시하는 경향을 보였다. 아
      리스토텔레스도 예술을 모방이라고 본 것은 플라톤과 같으나 언어, 리듬 등을 매개로 하여
      모방하는 예술(서사시, 서정시, 비극, 희극, 무용, 음악 등)은 성격이나 정서 또는 행위, 즉
      인간 마음의 내부를 모방하는 것으로 보았으며, 그에게는 플라톤과 같은 예술의 멸시는 보
      이지 않는 것이 특징이다.

20   베네데토 크로체, 앞의 책, p. 40.

21   플라톤은 음악이 영혼을 선하거나 악한 '에토스(마음의 상태)'로 인도할 수 있다고 생각했
      다. 각 선법에 윤리적 특성이 있다고 판단했으며, 그에 따라 선법의 이용을 규제하여 선한
      음악이 추구되어야 한다고 주장했다.

22   이러한 플라톤의 음악에 대한 철학적 사유들은 그의 스승이었던 소크라테스(Socrates,
      B.C. 469?-B.C. 399)의 영향을 받아 집필된『필레보스』,『국가』등의 저작에서 찾아볼 수
      있다.

23   에두아르트 한슬리크,『음악적 아름다움에 대하여』, 이미경 역(서울: 책세상, 2015), p. 145.

24   르네상스 시대의 이탈리아를 대표하는 미술가이자 기술자인 레오나르도 다빈치는 조각 ·
      건축 · 수학 · 과학 · 음악 · 철학에 이르기까지 다양한 방면에서 활약했다.

25   밀라노 산타 마리아 델레 그라치에 성당(church of santa maria delle grazie)에 보존되어 있
      다. 〈최후의 만찬〉은 1495년부터 1497년에 걸쳐 제작된 다빈치의 대표 작품으로 예수를
      둘러싼 열두 명의 제자를 소재로 했으며, 예수의 머리를 소실점으로 완벽한 균형을 이루
      는 작품의 구조가 돋보이는 작품이다. 회화의 법칙과 질서에 학문적으로 접근한 다빈치는
      원근법과 투시법을 활용하여 작품 안에서 완벽한 질서를 표현했다고 평가된다.

26 한찬훈, 『건축과 음악』(충북: 충북대학교 출판부, 2021), p. 29.

27 서창(敍唱)으로 대사를 노래하듯이 말하는 형식을 말한다.

28 『파우스트』는 『젊은 베르테르의 슬픔 *Die Leiden des jungen Werthers*』(1774) 이후 발표한 괴테의 주요 작품으로, 23세 때부터 쓰기 시작하여 죽기 1년 전인 1831년 83세 때 완성되었으며, 구성에서 완성까지 60년이 걸린 대작이다.

29 욥기에서 사탄이 욥에게 와서 시험을 하는데, 괴테의 작품 『파우스트』의 시작은 욥기의 시작과 매우 유사하다.

30 셰익스피어(William Shakespeare, 1564-1616)에 버금가는 영국의 시인으로, 셰익스피어가 주로 극시를 창작했다면 밀턴은 서사시 분야에서 업적을 남겼다.

31 김승옥, 『서양문학의 흐름』(서울: 고려대학교 출판부, 2001), p. 71.

32 오라토리오는 성경에 나오는 종교적인 이야기를 내용으로 하는 큰 규모의 극음악을 말한다.

33 로마 제국이 동서로 분열된 395년부터 오스만 제국에 의해 동로마 제국이 멸망한 1453년까지의 시대를 말한다.

34 『시학』의 주요 내용은 모방 이론과 비극의 요소(플롯, 성격, 사고, 대사, 음악, 그리고 무대 장치), 비극을 통해 관객이 공포와 연민의 감정을 경험하고, 이를 토대로 정서적으로 정화되는 카타르시스에 대한 설명, 비극과 서사시의 비교 등이 포함되어 있다.

35 이탈리아 르네상스 시대의 작곡가이자 성악가로, 오페라의 초기 발전에 크게 기여했다.

36 고대 그리스 드라마를 부활시키려는 시도에 의해 탄생한 작품으로, 노래·연주·연기를 결합한 새로운 형태의 예술을 창조하려는 의도로 만들어졌다.

37 페리와 카치니는 16세기 후반 이탈리아 예술가 집단인 카메라타(Camerata)의 일원으로, 〈에우리디체〉는 페리와 카치니가 각각 자신의 스타일로 작곡한 부분들을 결합하여 완성한 작품이다. 카치니의 〈에우리디체〉에서는 레치타티보, 즉 노래와 말의 중간 형태를 사용하여 극 중 대사를 전달했으며, 이는 후에 오페라의 중요한 구성 요소로 자리 잡게 된다.

38 독립된 선율을 가지는 둘 이상의 성부로 이루어진 음악을 말하며, 대위법을 기초로 한다.

39 그리스어로 '노래'라는 뜻으로, 주로 리라 반주에 맞춰서 불렸다.

40 A. 마샤베, 『음악과 무용』, 국민음악연구회 역(서울: 국민음악연구회, 1976), p. 32.

41 1807년 말러가 당시 빈 최고의 음악기관인 빈 궁정 오페라(Wiener Hofoper)의 수석 지휘자로 임명될 당시, 보수 언론들은 말러가 유대인이라는 사실에 문제를 제기했다. 위 일러스트는 말러가 지휘할 때 선보이는 커다란 동작들이 유대인의 특징이라고 지적하기 위해 제작한 것으로 알려져 있다.

42 이성·절제·논리의 상징인 아폴론 축제와 본능·열정·충동·감정을 표현하는 의식인 그리스 신화의 디오니소스(로마 신화의 바쿠스, Bacchus) 축제를 말한다. 이 두 축제의 상

반되는 성격으로 인해 사용되는 악기가 다르다. 아폴론 축제에는 현악기 키타라, 디오니소스 축제에는 관악기 아울로스가 사용되었다. 이러한 아폴론과 디오니소스 축제의 대립적인 모습은 음악에서 교차적으로 반복되어 나타나는 개념인 고전주의와 낭만주의 대립 구조의 근원이라 할 수 있다.

43 고전주의적 성격의 예술 사조와 낭만주의적 성격의 예술 사조가 그 예이다.

함께 읽으면 좋은 책

괴테. 『파우스트』(*Faust*, 1808–1831). 문학동네, 2006.

───. 『젊은 베르테르의 슬픔』(*Die Leiden des jungen Werthers*, 1774). 민음사, 1999.

김승옥. 『서양문학의 흐름』. 고려대학교 출판부, 2000.

밀턴. 『실낙원』(*Paradise Lost*, 1667). 홍신문화사, 2012.

박이문. 『문학과 철학』. 민음사, 1995.

보에티우스. 『철학의 위안』. 박문재 역. 현대지성, 2018.

이창복. 『문학과 음악의 황홀한 만남』. 김영사, 2011.

정영철. 『서양건축사』. 기문당, 2021.

플라톤. 『필레보스』. 박종현 역. 서광사, 2004.

───. 『국가』. 박종현 역. 서광사, 2005.

한슬리크. 『음악 미학의 철학적 배경』. 최은아 역. 예솔, 2011.

───. 『음악적 아름다움에 대하여』. 이미경 역. 책세상, 2018.

한찬훈. 『건축과 음악』. 충북대학교 출판부, 2020.

호메로스. 『일리아스』. 천병희 역. 숲, 2015.

───. 『오디세이』. 천병희 역. 숲, 2015.

홍정수·김미옥·오희숙. 『두길 서양음악사 1, 2』. 나남출판사, 2006.

3

중세

　　중세 시대(5-15세기)[1]는 서양 역사에서 고대와 근·현대 사이에 위치
한 시대로, 서로마 제국의 붕괴[2]와 르네상스의 시작까지 이어지는 기간을
말합니다. 중세 시대는 로마네스크 양식(Romanesque, 10-12세기)[3]과 고딕 양
식(Gothic, 12-15세기)이 포함된 시대이기도 한데요. 이 시기의 음악과 다른
예술 분야의 관계에 대해 살펴보겠습니다.

중세 시대의 건축 · 문학 · 미술 · 무용과 음악

건축	로마네스크 시대	단조로운 건축물과 그레고리오 성가의 연관성
		기둥 배열에 음악의 리듬적 특징 활용
	고딕 시대	높아진 건축물과 음악에서 나타난 성부 확장의 연관성
		고딕건축에서의 대칭 구조와 음악에서의 소나타 형식의 유사성

문학	음악에 영향을 준 문학적 영감	문학적 영향을 받아 탄생한 음악 작품
	게르만 문학	바그너의 〈니벨룽겐의 반지〉, 〈파르지팔〉
	『아라비안나이트』	림스키-코르사코프 〈셰에라자드〉

미술	스테인드글라스

무용	무용이 갖는 사회성
	에스탕피의 출현

3.1 건축: 로마네스크와 고딕

중세는 기독교 교회가 유럽 사회에서 가장 강력한 권위를 가졌던 시기로, 이 시대의 음악은 교회에서 중요한 역할을 담당했습니다. 교회 음악은 중세 초기부터 발전했으며, 교회의 의식과 깊이 연결되어 있는데요. 음악이 이루어지는 공간인 건축물의 시대에 따른 변화는 음악의 발전에 영향을 주었습니다.

중세 건축은 크게 로마네스크 양식과 고딕 양식으로 구분되는데요. 로마네스크 건축은 단순하고 소박한 것이 특징이며, 단성(monophony) 교회 음악인 그레고리오 성가(Gregorian chant)[4]는 이러한 건축물과 어울리는 음악으로, 이 시기의 교회에서 사용되었습니다. 고딕 건축 양식 또한 음악과의 연관성이 나타나는데요. 고딕건축은 로마네스크 건축과 다르게 화려하고 웅장한 것이 특징입니다. 특히 교회의 높은 천장으로 인한 넓어진 공간은 다성 음악이 울려 퍼지기에 이상적인 환경을 제공했습니다.

이렇게 변화한 교회 건축물은 12세기 이후 프랑스 파리의 노트르담 대성당(Cathédrale Notre-Dame de Paris)[5]을 중심으로 활동한 작곡가들, 즉 노트르담 악파(Notre-Dame Schule)에 의해 발전하게 되는 다성 음악을 수용할 수 있는 공간이 되었습니다.

❶ 로마네스크 양식

본격적으로 로마네스크 양식에서 볼 수 있는 음악과 건축의 연관성에 대해 이야기 나눠보겠습니다. 비교적 단순한 건축 구조를 보여주는 이 시대 교회의 모습과 그 안에서 연주되던 음악인 그레고리오 성가의 연관성, 그리고 음악에서 사용되는 리듬과 교회 내부의 기둥 배열에서 나타나는 규칙적인 구조 사이의 연관성에 대해 살펴보겠습니다.

예술사에서 10세기 말부터 12세기 후반의 시기를 지칭하는 로마네스크 시대에는 이전 시대보다 발전한 모습의 교회 건축물이 나타나지만, 과거 로마 시대의 건축 기법이 주를 이루는 모습을 보입니다. 이 시기의 건축물은 다소 투박함을 벗어나지 못했으며, 장식적이라기보다 소박한 모습을 보이는데요. 이는 로마네스크 시대 사람들이 인간의 감성을 자극하는 세속적인 장식을 배제하는 것이 신에 대한 신실한 신앙심의 표현이라 여겼던 것에서 비롯되었다고 합니다.[6]

또한 로마네스크 시대의 건축물들은 군사적 방어시설인 요새(要塞)와 흡사한 모양을 하고 있습니다. 로마네스크 시대의 대표 건축물들은 외관에 창문이 거의 없는 두꺼운 벽으로 만들어지거나 작은 창문을 가지고 있는 점이 특징인데요. 이 시대의 건축물들에 나타나는 위와 같은 특성은 전쟁 등으로 인한 위험한 상황들에 대비하기 위한 것이었다고 합니다. 이렇

로마네스크 시대 대표 건축물인 피사 대성당

게 두꺼운 벽과 작은 창문은 그레고리오 성가의 울림과 깊이 있는 음향을 제공했습니다. 교회의 돔형 천장과 아치 구조 또한 독특한 음향 효과를 만들어주어 성가의 엄숙한 성격을 더욱 부각시켜주었는데요. 대표 건축물로는 피사 성당(Duomo di Pisa)이 있습니다.

　　이러한 로마네스크 시대 건축물에 상응한 형태의 음악이 앞서 언급한 그레고리오 성가인데요. 그레고리오 성가는 남성이 부르는 단선율 성가로, 기교가 없는 단조롭고 순차적인 선율 진행을 보여줍니다. 이 성가를 들어보면 로마네스크 건축물과 매우 유사하다는 느낌을 쉽게 받으실 수 있을 텐데요. 이렇게 로마네스크 양식의 건축과 음악에서는 신앙심에 대

그레고리오 성가를 곁들인 악보

〈그레고리오 성가〉, c. 750-900
https://youtu.be/Ed90FUyE4rM?feature=shared

한 표현의 하나로 단순하고 소박한 성격이 나타나는 공통점을 찾을 수 있습니다. 로마네스크 양식의 건축물에서 울려 퍼지는 그레고리오 성가는 음악이 연주되는 공간인 교회의 모습과 잘 어우러져 그 음악이 갖는 신성함이 극대화될 수 있었습니다.

그레고리오 성가는 선율 가사의 명확한 전달을 중시하는 음절적 노래(syllabic chant, 직송 성가), 각 음절에 2-4개의 음이 할당되는 형태인 성긴 음절 노래(neumatic chant, 유음적 성가), 그리고 하나의 음정에 여러 개의 음을 배정하여 길고 복잡한 선율을 만들어내어 음악적 장식과 풍부한 감정 표현을 강조하는 드문 음절 노래(melismatic chant, 멜리스마 성가)로 나뉘며 이는 다음과 같습니다.

그레고리오 성가의 선율 유형

로마네스크 양식의 건축물에서는 이러한 성격적 공통점 외에도 음악과의 또 다른 연관성을 확인할 수 있는데요. 중세 시대의 작곡가이자 이론가인 레오넹(Magister Leonius Léonin, 1150?-1201?)[7]이 체계화한 선법 리듬(modal rhythm) 등을 응용한 로마네스크 건축 내부 공간의 기둥 배열은 이 시대 교

음악의 리듬을 이용한 로마네스크 건축 내부 공간의 기둥 배열*

건물명	평면	기둥 배열 형태	리듬
코스메딘의 산타 마리아 성당 (Santa Maria in cosmedin)		A b b b A b b b A b b b A	$\frac{6}{8}$ ♩. ♪♪♪ | ♩. ♪♪♪ | ♩. ♪♪♪
밀라노의 성 암브로지오 성당 (Sant' Ambrogio)		A b A b A b A b A b	$\frac{2}{4}$ ♩ ♩ | ♩ ♩ | ♩ ♩ | ♩ ♩ | ♩ ♩
산 미니아토 알 몬테 성당 (San Miniato al Monte)		A b b A b b A b b	$\frac{3}{4}$ ♩ ♩ ♩ | ♩ ♩ ♩ | ♩ ♩ ♩
성 미카엘 성당 (St. Michaeliskirche)		A b b A b b A b b	$\frac{3}{4}$ ♩ ♩ ♩ | ♩ ♩ ♩ | ♩ ♩ ♩

* 윤희철, 『현대건축과 음악과의 대화』, p. 19.

[제1선법] ♩ ♪ \| ♩ ♪   [제2선법] ♪ ♩ \| ♪ ♩   [제3선법] ♩. ♪♩ \| ♩. ♪♩

[제4선법] ♪♩ ♩. \| ♪♩ ♩.   [제5선법] ♩. \| ♩.   [제6선법] ♪♪♪ \| ♪♪♪

회 건축에 음악 이론이 사용되었음을 보여주는 예입니다.

음악에서 사용되는 리듬을 기둥 배열에 이용했다는 점은 아마도 이 시대의 건축가들도 자신이 창조해내는 건축물 안에서 이루어지는 음악을 염두에 두고 있었다고 유추해볼 수 있는데요.

앞의 표는 로마네스크 시대에 건축된 교회 내부의 기둥 배열과 선법 리듬의 연관성을 보여주는 것으로, 12세기부터 발달하는 선법 리듬 중 일부와 선법 리듬에는 포함되어 있지 않지만 이 시대에 존재했던 4분의 2박자 리듬을 이용한 기둥 배열을 확인할 수 있습니다.

산타 마리아 성당에서는 선법 리듬 중 제3선법이 이용되었으며, 산 미니아토 알 몬테 성당과 성 미카엘 성당의 기둥 배열은 제6선법 리듬을 이용했음을 앞의 그림을 통해 확인할 수 있습니다.

선법 리듬을 이용한 이러한 기둥 배열은 신자들이 성전 안에서 이동

산 미니아토 알 몬테 성당

할 때, 그리고 기도문이나 성가를 부를 때 리듬감을 더해주기 위한 실내장식이었다는 이야기도 있는데요. 저는 이 사실을 통해 그 공간에서 이루어지는 음악을 염두에 두고 설계한 건축가들의 섬세함에 놀랐는데, 여러분은 어떠셨나요?

❷ 고딕 양식

12세기경에 시작되어 13세기에 본격화되며, 15세기 르네상스 시대로 넘어가기 전까지 약 3세기에 걸쳐 전개되는 고딕 건축 양식(gothic architecture)[8]은 로마네스크 양식과는 다르게 장식적이고, 조금 더 자유로운 느낌의 건축물들이 탄생했습니다.

고딕 양식 건축물은 첨탑(spire)과 같이 하늘로 향하는 수직성을 보이는 특징을 갖고 있는데요. 이와 같은 건축 양식은 건축물을 통해 나타난 신앙심의 표현 중 하나로, 고딕 시대의 건축물은 하늘과 가까워질 수 있는 높은 구조의 형태로 나타나게 됩니다. 아치의 모양도 상층부의 꼭짓점이 하늘로 향하면서 뾰족한 형태를 이루는데요. 이러한 수직성은 고딕 양식의 중요한 미학적 가치 중 하나였습니다.

또한 고딕 건축물 전면부에서 나타나는 좌우 완벽한 대칭적 구조는 소나타 형식(sonata form)[9]에서 나타나는 대칭 구조와 유사성을 보입니다. 음악의 대표적인 형식 중 하나인 소나타 형식에서 제시부(A)-발전부(B)-재현부(A′)라는 세 부분의 형태는 좌우 대칭형의 건축에서 나타나는 구조와 같은 개념으로 볼 수 있는데요.[10]

다음 첨부 사진에서 알 수 있듯이 고딕 양식의 대표 건축물인 파리 노트르담 대성당의 전면은 중앙을 기준으로 좌우 대칭적 구조인 세 부분으로 나누어져 있는 것을 확인할 수 있습니다.

노트르담 대성당 전면부

　　이러한 대칭적 구조는 여러 작곡가의 작품에서 찾아볼 수 있는 형태이지만, 특히 베토벤의 첼로 소나타 다섯 곡의 1악장에서 축소된 형태로 나타나는 발전부를 기점으로 제시부와 재현부가 대칭 구조를 이루는 것을 확인할 수 있는데요. 이는 음악 형식이 건축의 구조와 유사성을 보이는 예로, 건축의 형태가 직간접적으로 베토벤의 작품에 용해되어 있다고 볼 수 있습니다. 즉 건축물에서 안정감을 주기 위해 사용된 건축적 표현이 그 건축물과 함께 살아가는 인간에게, 그중 작곡가들에게 작품을 창작하는 데 기저 역할을 했다고 볼 수 있음을 뜻합니다.

(서주부) + 제시부	발전부	재현부 + (종결부)

대표적인 고딕 양식의 건축물로 노트르담 대성당의 전면부와 비교해 보았는데요. 어떠세요? 음악에서의 소나타 형식과 건축에서의 대칭 구조가 갖는 연관성이 보이시나요?

고딕 시대 건축물에서의 대칭 구조와 음악의 소나타 형식 구조에서 보이는 유사성에 대해 조금 더 자세한 설명을 위해 베토벤의 〈첼로 소나타〉 다섯 작품 중 1번과 2번의 마디 수 비교를 통해 대칭 구조를 설명해볼게요.

베토벤

베토벤, 〈첼로 소나타〉, 1796–1815
https://youtu.be/UAtZhwDaSEw?feature=shared

베토벤 〈첼로 소나타 1, 2번〉 1악장의 마디 수 비교를 통한 대칭 구조

작품 번호	서주부	제시부	발전부	재현부	Coda
Op. 5, No. 1	1-34 (34마디)	35-160 (126마디)	160-220 (61마디)	221-347 (127마디)	347-400 (54마디)
Op. 5, No. 2	1-44 (44마디)	44-215 (172마디)	215-314 (100마디)	314-480 (167마디)	481-553 (74마디)

앞의 표에 정리된 바와 같이 서주부와 종결부를 제외한 제시부·발전부·재현부의 마디 수를 비교해보면 베토벤의 작품에서 나타나는 대칭 구조가 작곡가의 설계 없이 우연적으로 나타났다고 해석하기에는 무리가 있어 보일 정도로 계산된 구조임을 알 수 있는데요. 이러한 사실로 보아 베토벤이 작품을 창작할 때 대칭 구조를 염두에 두었다는 것을 짐작할 수

노트르담 성당 내부의 스테인드글라스 장식

있습니다.

고딕 건축 양식의 또 다른 특징으로 음악과 큰 관계는 없지만 문맹이 많았던 당시의 사람들에게 성경 내용을 전달하는 글 같은 역할을 했던 스테인드글라스(stained glass)인데요. 스테인드글라스는 그 아름다움 때문에 현재도 교회 건축에서 많이 사용되는 장식입니다.

음악가들은 이렇게 화려한 장식을 품은 높은 건축물이 특징인 고딕 건축 양식에 어울리는 음악을 창작하기 시작했는데요. 이 시대 대표 작곡가인 기욤 드 마쇼(Guillaume de Machaut, 1300?-1377)[11]의 모테트(motet)[12]는 고딕 시대의 음악적 특징을 잘 보여주는 예입니다. 마쇼의 작품에서는 이전

마쇼의 다성음악[13]과 노트르담 성당(음악과 건축의 수직적 구조의 연관성)

마쇼, 〈노트르담 미사 중 '키리에'〉, c. 1360
https://youtu.be/qH4wu-jwcG4?feature=shared

시대의 음악보다 구조적 복잡성, 급격한 음의 도약, 성부의 확장을 통해 발생한 다성 음악, 장식음 등의 특징을 찾아볼 수 있는데요. 이는 고딕 건축의 특징인 높은 첨탑, 화려한 장식 등의 음악적 표현이라고 볼 수 있습니다.

고딕 시대에는 이렇게 이전 시대와는 뚜렷이 구별되는 특징적 변화가 나타났는데요. 높은 건축물과 마쇼의 모테트 악보는 이러한 변화를 잘 보여줍니다. 성부의 확장으로 인해 악보의 높이가 이전 시대의 단선율 음악과는 확연한 차이를 보이며, 이는 고딕 건축물에서 나타나는 높은 건물의 출현과 연관 지어볼 수 있는데요. 단선율 음악은 고딕 시대의 웅장한 건축물 내부를 채우기에 한계를 드러냈고, 로마네스크 시대와 마찬가지로 교회를 중심으로 발전한 음악은 고딕 건축물과 어울리는 다성 음악으로 발전하게 됩니다. 이 시대의 음악에서 나타난 변화에 대한 해석은 음악가들이 단순히 이 시대 건축물의 형태를 모방했다기보다는 변화된 건축물의 공간을 채울 수 있는 음악을 창작하기 위한 작곡가들의 노력으로 보는 것이 더 타당합니다.

중세 시대 음악의 중심 공간이었던 교회의 건축술 변화는 음악의 발전에 큰 영향을 주었습니다. 로마네스크 건축은 단순하고 소박한 단선율 음악인 그레고리오 성가와 조화를 이루었으며, 고딕 건축은 높은 구조로 인해 확장된 음형적 공간을 제공하며 단선율 음악에서 다성 음악으로의 변화와 발전을 가능하게 했습니다. 이렇게 로마네스크 건축과 고딕 건축은 중세 유럽의 대표적인 건축 양식으로, 각각의 건축적 특징은 당대의 음악 발전과 밀접하게 연관되어있음을 알 수 있었는데요. 이 두 건축 양식의 차이점은 중세 음악의 형식과 구조에 중요한 영향을 미쳤으며, 건축과 음악이 어떻게 상호작용하며 발전했는지를 잘 보여줍니다.

로마네스크 양식과 고딕 양식의 비교

건축 양식	주요 특징	관련 음악	음악적 특징
로마네스크	두꺼운 벽, 작은 창문, 반원형 아치, 둥근 천장	그레고리오 성가 (단성 음악)	단선율 음악, 단순한 멜로디, 가사 전달을 중시한 음악
고딕	높은 천장, 넓은 창문, 첨두 아치, 이브 볼트 천장, 플라잉 버트레스	노트르담 악파 (다성 음악)	확장된 성부의 사용, 넓은 음향 공간에서 각 성부가 조화를 이룰 수 있는 구조의 음악

| 로마네스크 | 두꺼운 벽, 작은 창문, 반원형 아치, 둥근 천장 | 그레고리오 성가 (단성 음악) | 단선율 음악, 단순한 멜로디, 가사 전달을 중시한 음악 |
| 고딕 | 높은 천장, 넓은 창문, 첨두 아치, 이브 볼트 | 노트르담 악파 | 확장된 성부의 사용, 넓은 음향 |

좌우 대칭적 구조-소나타 형식(제시부A-발전부B-재현부A′)

　　대칭적 구조는 건축뿐만 아니라 다른 예술 분야에서도 쉽게 찾아볼 수 있는데요. 음악에서도 이러한 대칭적 구조를 찾아볼 수 있습니다. 물론 음악에서 나타나는 대칭 구조를 건축에서 나타나는 대칭 구조의 직접적인 영향을 받았다고 단정 짓기에는 어려움이 있습니다. 작곡가들이 고딕 양식의 건축물을 보고 '나도 저런 형태로 작곡을 해야겠어'라고 생각하지는 않았을 것이라는 거죠.

　　그렇다면 이런 음악 형식의 창안은 어떻게 이루어졌을까요? 물론 아쉽게도 정확한 증거가 될 만한 내용을 담고 있는 자료는 존재하지 않습니다. 하지만 건축물들에서 볼 수 있는 대칭 구조가 다른 예술가들에게 전혀 영향을 주지 않았다고 이야기하기도 어렵죠. 그 이유는 눈으로 확인되는 형태에서 주는 안정감이 작곡가들이 곡을 창작할 때 기저 역할을 했다고 해석될 수 있기 때문입니다. 음악과 건축의 상관관계로 인해 나타났다고 보기에 충분할 만큼 그 구조는 서로 닮은 형태입니다.

　　음악에서 나타나는 A(제시부)-B(발전부)-A(′)(재현부) 구조는 소나타 형식이 완성되기 전부터도 음악에서 찾아볼 수 있는 형식으로, 오랜 시간 동안 음악에서 사용된 친근한 구조입니다. 예를 들면 짧은 미뉴에트(minuet)나 가보트(gavotte) 같은 형식의 작품에서도 A-B-A(′) 구조를 쉽게 찾아볼 수 있습니다. A-B-A(′) 구조는 발전부(B)에서의 복잡한 전개가 재현부(A 또는 A′)에서 제시부(A)의 익숙한 멜로디나 음형으로 반복되며, 이를 통해 청자에게 안정감을 제공해줍니다. 제시부를 지나서 등장하는 발전부는 보통 조성이 바뀌거나 제시부보다 복잡한 성격의 음악이 나타납니다. 그 곡을 알고 있는 사람에게는 그리 혼란스럽지 않을 수 있지만, 처음 듣는 사람이나 클래식 음악에 친숙하지 않은 사람에게 발전부 부분은 다소 이해하기 어려운 부분이 될 수 있거든요. 발전부 뒤를 잇는 재현부는 이러한 어지러움을 해소시켜주는 역할을 합니다. 말하자면 정리해주는 역할이죠.

　　그래서 일부 학자들은 소나타 형식을 헤겔의 철학 사상 중 변증법(정·반·합, 正·反·合)*에 견주어 설명하기도 합니다. 소나타 형식, 즉 제시부-발전부-재현부는 정(正, 긍정, Thesis)-반(反, 부정, Antithesis)-합(合, 부정의 부정, 즉 긍정, Synthesis)으로 대입 가능한데요.

변증법에서의 합은 단순히 합쳐지는 의미보다 긍정의 의미로 해석되어 재현부, 즉 제시부(긍정)로 돌아가는 형태로 설명이 가능합니다.

20세기의 철학자 아도르노는 헤겔이 베토벤에게 실제로 많은 영향을 주었던 철학자임을 분명히 하고 있는데요. 그는 자신의 저서 『베토벤. 음악의 철학』을 통해 헤겔의 변증법적 논리와 베토벤의 악곡에서 나타나는 주제의 발전 방법이 유사성을 보인다고 설명합니다. 이러한 주장은 헤겔의 철학 사상이 음악의 악곡 전개에 적지 않은 영향을 주었다는 것을 증명해주는데요. 아도르노의 이 저서에서는 헤겔의 철학 사상을 베토벤 음악에 집중하여 설명하고 있지만 다른 작곡가들이 남긴 소나타 형식의 작품에도 그의 연구 결과를 대입해볼 수 있습니다.

이렇게 건축에서 나타나는 대칭 구조는 음악에서 A-B-A(′) 형식으로 구현되면서 건축에서 보여주는 안정감이 음악으로 표현된 것이라고 해석할 수 있습니다.

미국 국회의사당의 정면 | 파리 노트르담 성당의 정면

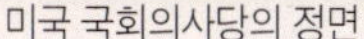

미국 국회의사당과 노트르담 성당 건축물의 대칭 구조

---

* 헤겔의 변증법에서 논리 전개의 3단계를 나타내는 말로, 18세기 독일 철학자 요한 피히테(Johann Gottlieb Fichte, 1762-1814)가 변화를 설명하며 『지식학의 특성의 개요 *Grundriss des Eigent ümlichen der Wissenschaftslehre*』(1795)에서 처음 사용한 용어다.

3.2 문학: 게르만 문학과 아라비안나이트

중세 문학은 종교적 영향을 배제할 수 없는데요. 중세는 앞서 말씀드렸던 것과 같이 기독교의 영향이 지배적인 시기였으며, 이로 인해 중세 문학에서 종교 문학은 큰 부분을 차지하고 있었습니다. 중세 문학에서는 성경의 이야기가 중요한 역할을 했는데요. 이러한 문학 작품들은 그레고리오 성가 같은 종교 음악에 영향을 주었습니다.

이러한 성격을 지닌 중세 문학의 대표작으로는 단테(Dante Alighieri, 1265-1321)의 『신곡 *La Divina Commedia*』(1321)이 있습니다. 이 작품은 지옥·연옥·천국을 여행하는 주인공의 이야기를 통해 신앙적 내용을 전달합니다. 단테의 『신곡』은 후대의 많은 음악가에게 영감을 주었는데요. 리스트는 이 작품을 바탕으로 교향시(symphonic poem)[14] 〈단테 심포니 Dante Symphony S. 109〉(1856)를 남겼습니다.[15]

중세 문학에서 또 하나의 중요한 흐름은 기사도 문학이었는데요. 전설을 바탕으로 한 서사시들은 중세 프랑스 남부와 북부에서 활동했던 시인 겸 음악가인 트루바두르(troubadour)와 트루베르(trouvere)에 의해 세속 음악으로 나타났습니다. 그들의 시와 음악은 사랑, 전쟁, 기사도의 이야기를 담고 있는데요. 그들의 음악은 이 시대 궁정에서 매우 인기가 있었고, 중세 말기와 르네상스 초기의 세속 음악 발전에 큰 영향을 주었습니다.

중세 후기의 문학은 르네상스 사상의 영향으로 자유정신에 입각한 작품들이 주를 이루게 됩니다. 르네상스 사상은 처음 이탈리아에서 발생하여 남부 프랑스와 북유럽을 거쳐 영국으로 전파되었는데, 고대 그리스로의 회귀를 목표로 하는 시대로 신 중심 사회에서 인간 중심 사회를 도모했던 시기입니다.

바그너(Wilhelm Richard Wagner, 1813-1883)는 특히 중세 게르만 문학에

영감을 받아 음악극(Musikdrama)[16]으로 승화시켰는데요. 바그너에게 영향을 준 작품들은 대표적으로 『니벨룽겐의 노래 *Das Nibelungenlied*』(13세기 초)[17]와 에센바흐(Wolfram von Eschenbach, 1170-1220)의 장편 서사시 『파르지팔 *Parzival*』(1210) 등이 있습니다.

또한 이 시기의 아랍 문학도 음악에 영향을 주었는데요. 대표적인 작품으로는 『아라비안나이트 *The Arabian Nights*』[18]가 있습니다. 『아라비안나이트』의 주인공인 셰에라자드(Scheherazade)는 19세기를 대표하는 러시아 5인조[19]의 대표 작곡가 림스키-코르사코프(Nikolai Rimsky-Korsakov, 1844-1908)에게 영감을 제공하는데요. 이로 인해 4악장으로 구성된 교향 모음곡 〈셰에라자드 *Symphonic Suite 'Scheherazade', Op. 35*〉(1888)로 탄생하게 되죠.

림스키-코르사코프의 〈셰에라자드〉는 디아길레프(Sergei Diaghilev, 1872-1929)가 조직한 발레단 발레뤼스(ballets russes)[20]의 파리 데뷔작 음악으로 사용되었는데요. 미하일 포킨(Michel Fokine, 1880-1942)의 안무로 구성된 이 발레 작품은 1910년 파리 오페라 극장(Opéra Garnier)에서 초연되었습니다. 림스키-코르사코프의 〈셰에라자드〉는 독창성과 선율의 화려함 덕분에 이후 여러 안무가와 발레단에 의해 새롭게 해석되기도 했는데요. 이러한 사실은 문학의 영향을 받은 음악이 무용에 그 영향력을 전달한 예라고 볼 수 있습니다.

3.3 미술: 스테인드글라스와 악기 그림

중세 미술은 주로 종교적인 주제와 기독교 교리를 표현하는 데 초점을 맞췄으며, 이는 당시 사회와 문화에서 종교가 차지했던 중심적 역할을 반영합니다. 성경 이야기, 성인들의 삶, 그리고 교회의 가르침을 시각적으

이탈리아 나폴리 산 겐나로의 카타콤

로 전달하기 위해 벽화, 장식물 등이 많이 제작되었습니다. 중세 미술은 크게 초기 기독교 미술, 비잔틴(Byzantine) 미술, 로마네스크 미술, 그리고 고딕 미술, 이렇게 네 단계로 나눌 수 있으며, 각각의 역사적·문화적 맥락에서 독특한 특징을 보이며 발전했습니다.

미술사에서는 14세기 이후 원근법이 출현하기 전까지는 주로 성당 내부의 장식으로 이용되는 종교적 색채가 짙은 작품들이 대부분이었는데요. 초기 기독교·비잔틴(330-1453) 미술의 모자이크(mosaic), 로마네스크(10세기 후반-12세기) 미술의 프레스코화(fresco painting), 고딕(12-15세기경) 미술의 스테인드글라스 등은 성당 내부를 장식하기 위한 시대별 기법들로, 이 시대들의 미술 창작물들은 예술 작품인 동시에 성경의 내용을 그림으로 표현하여 문맹자를 위한 교리서 역할을 했습니다.

초기 기독교 미술은 로마 제국 말기와 서로마 제국 붕괴 이후에 등장한 미술로, 카타콤(catacombs)[21] 등에 남아 있는 벽화와 모자이크가 있습니다.

비잔틴 시대의 프레스코화

비잔틴 미술은 동로마 제국(비잔티움 제국)의 영향을 받은 미술로, 성화와 프레스코화가 중요한 예술 형태였습니다. 비잔틴 미술은 형식화된 스타일과 강한 상징성을 강조했으며, 특히 성스러운 인물을 표현하는 데 집중되었는데요. 이 시기의 미술은 종교적인 엄숙함과 정교한 장식을 통해 초월적 세계를 전달하려는 목표가 있었습니다.

로마네스크 미술은 로마네스크 건축과 함께 발전했는데요. 주로 교회나 수도원의 장식에 사용되었습니다. 이 시기의 미술은 대형 벽화와 조각에서 볼 수 있으며, 이 시대 역시 성경 이야기와 기독교 교리를 시각적으로 전달하는 데 중점을 두었습니다.

고딕 미술 또한 로마네스크 미술과 마찬가지로 건축과 밀접하게 연결되어 있으며, 특특히 스테인드글라스와 조각에서 그 특징을 드러냅니다. 이 시기의 미술은 고딕 성당의 창문을 장식하는 정교한 스테인드글라

노트르담 성당 내부의 스테인드글라스

스를 통해 빛이 투영되는 아름다운 색으로 신성한 메시지를 전달하려 했
는데요. 이러한 스테인드글라스는 성경 이야기와 종교적 상징을 시각적
으로 표현하여 신앙심을 고취하고, 신성한 분위기를 창출하는 중요한 역
할을 했습니다.

　이러한 미술 작품에는 음악적 요소가 자주 등장했는데요. 예를 들어
성경 장면을 묘사한 스테인드글라스나 벽화에는 종종 악기를 연주하는
사람이나 천사들이 등장하는데, 이는 음악이 신성한 존재와 깊이 연결되
어 있다는 표현이라 볼 수 있습니다. 이 시대 교회에서 연주되는 음악의
중요한 임무는 신앙심 강화에 있었습니다. 즉 미사 중 연주되는 음악과 교
회 내부의 장식 미술은 종교적 경험을 종합적으로 강화하며, 예배에 참여
하는 신도들에게 깊은 감동을 전달하는 역할을 했습니다.

　이렇게 중세 미술의 대부분은 성경 이야기, 성인, 그리고 교회 의식과 관련된 내용을 주제로 했는데요. 중세 미술은 사실적인 표현보다 인물과 사물의 상징적 의미를 강조하는 형식을 추구했습니다.

3.4 무용: 에스탕피와 기악 음악

중세 시대 초·중기는 교권이 막강했던 시기로, 교회를 중심으로 한 그리스도교 문화가 사회 전반에 절대적인 영향을 미쳤습니다. 이 시기는 교회가 무용에 대해 적대적인 입장을 취했기 때문에 무용 역사에서 침체기로 여겨지는데요. 교회는 무용을 종종 이교적이거나 도덕적으로 유해한 행위로 간주했으며, 특히 성적인 암시가 있는 무용은 강력하게 금지했습니다. 이 시대의 많은 금지령에도 불구하고 무용이 사라지지 않고 존재할 수 있었던 이유 중 하나로 춤 면죄부(dancing indulgences)[22]의 도입이 거론되기도 합니다. 교회가 면죄부를 팔아서 나오는 수입을 포기하지 못해 무용을 완전히 금지 조치되는 것을 피했다는 이야기도 전해집니다.

중세 교회가 무용을 금지하지 못했던 또 다른 이유는 일부 종교적 축제에서 무용이 중요한 역할을 했기 때문인데요. 부활절 축제나 성탄절 같은 주요 종교의식에서 춤은 음악과 함께 신성한 의식의 일부로 사용되기도 했습니다. 이러한 종교적 무용은 신을 기리거나 신성한 이야기를 표현할 목적으로 행해졌습니다.

이렇게 교회가 무용을 전면적으로 금지하지 않은 이유는 종교적 축제와 춤으로 표현되던 민속적 관습과 전통이 이어졌기 때문인데요. 무용은 이러한 종교적 맥락에서 중요한 역할을 계속 맡아왔습니다. 이후 중세 후기로 넘어가면서 봉건제도의 붕괴와 중앙집권 국가의 등장으로 사회 구조가 변화하면서 무용에 대한 제재는 점차 완화됩니다.

무용과 음악의 결합으로 나타난 춤음악은 이러한 시대적 배경을 갖는 중세에 나타나게 되는데요. 중세 시대에는 프랑스에서 활동했던 트루바두르와 트루베르에 의해 궁정에서 연주되는 무용 음악들이 작곡되었습니다. 이들의 노래는 중세 궁정 문화에서 중요한 역할을 했는데요. 사랑과 기사도 이야기를 담은 가사와 함께 무용의 리듬과 운율을 표현했습니다. 또한 이들의 음악은 궁정 무용과 밀접하게 연결되어 있었으며, 무용을 통해 사회적·정치적 메시지를 전달하기도 했습니다.

중세 시대의 무용과 음악은 사회적 유대감을 강화하는 역할도 하기도 했는데요. 공동체 행사나 축제에서 행해지는 무용과 음악은 사람들에게 서로 밀접하게 연결되어 있다는 느낌을 주었으며, 이를 통해 공동체의 정체성을 강화하는 역할을 했습니다. 이러한 음악과 무용의 사회적 기능은 중세 사회에서 예술이 단순한 개인적 표현이 아니라, 사회적 관계를 형성하고 유지하는 중요한 도구였음을 보여줍니다.

12-14세기에 유행했던 춤곡 성격의 기악 형식 에스탕피(estampie),[23] 15세기 바스 당스(basse danse)[24]를 거쳐 16-17세기에 모음곡의 형태로 발전하게 되며, 1660년경에 교회 소나타(sonata da chiesa)와 실내 소나타(sonata da camera)로 이어지게 됩니다.

실내 소나타는 이후 기악음악에서의 소나타(sonata)[25]로 발전하게 되는데요. 이는 기악음악이 한 장르로 자리 잡는 데 춤곡이 어떠한 영향을 주었는지 보여주는 단적인 예라 할 수 있습니다.

13-14세기에 연주되었던 50곡 정도의 기악 춤곡이 현존하며, 대부분 단선율 음악이지만 건반악기를 위한 몇몇 다성 음악 작품도 남아 있습니다. 그중 대표적인 춤곡이 에스탕피로, 이는 후에 모음곡 발전의 기원이 되는데요. 모음곡에 대해서는 바로크 시대 부분에서 좀 더 자세히 설명해 드리도록 하겠습니다.

중세 시대의 춤곡이 음악 관점에서 갖는 의의는 음악이 더 이상 단순히 기능적이거나 가사에 의존하는 것이 아닌 기악음악으로 자리 잡는 데 중요한 역할을 했다는 점입니다. 특히, 무곡의 성격을 가진 에스탕피는 중세 시대 기악음악의 발전에 밑거름이 되었으며, 이후 기악음악으로서의 음악적 성장을 촉진했습니다. 따라서 중세 시대의 무용과 음악의 연관성은 기악음악의 발전 측면에서 큰 중요성을 지니고 있습니다.

중세에는 음악, 문학, 미술, 무용 등 다양한 예술 형태가 서로 긴밀하게 결합되어 발전했습니다. 예를 들어 중세 연극에서는 음악, 문학, 무용이 하나의 형태로 어우러져 공연되었으며, 이러한 통합적 예술 형태는 각 예술 장르가 서로 영향을 주고받았다는 점을 잘 보여줍니다. 중세 시대 나타난 여러 예술 분야 간의 조화는 이후 시대의 독창적인 예술의 흐름에 큰 영향을 주었습니다. 이 시대의 예술은 상호작용하며 교회의 스테인드글라스, 벽화, 그리고 종교적인 축제 등을 통해 하나로 어우러졌습니다. 이러한 조화는 신앙을 표현하고 공동체의 정체성을 강화하는 데 중요한 기여를 했는데요. 중세 예술은 종교적 표현에 집중되어 있었지만, 동시에 당대의 사회적·문화적 가치를 반영하는 매개체 역할을 했습니다.

1 476년 서로마 제국의 멸망부터 15세기 후반 르네상스와 대항하는 시대의 시작까지를 중세로 정의한다. 초기 중세(5-10세기)는 로마 제국의 붕괴 이후 유럽이 정치적·경제적 혼란을 겪었던 시기를 말한다. 중기 중세(11-13세기)는 유럽이 정치적으로 안정과 경제적 번영을 이루었던 시기로, 봉건제도가 확립된 시대이다. 또한 이 시기는 십자군 원정과 중세 도시의 발달, 대학의 설립 등이 이루어졌다. 후기 중세(14-15세기)는 흑사병, 백년전쟁 등의 재난과 변화가 있었던 시기인 동시에 르네상스의 시작으로 인해 중세의 종결이 나타난 시기이기도 하다. 중세는 서양 역사에서 중요한 전환기였으며, 이 시기의 문화·사회·정치 변화는 이후 유럽 역사에 큰 영향을 주었다.

2 동로마 제국(비잔티움 제국)은 그 후로도 약 1,000년 동안 존속하다가 1453년 오스만 제국에 의해 멸망하게 된다.

3 '로마네스크'라는 말은 19세기 초에 처음 언급된 용어로, 미술 비평가들이 명명한 것으로 알려져 있다. 지역에 따라 다를 수 있으나, 고딕 양식이 나타나기 전까지의 시대를 지칭한다.

4 그레고리오 성가는 중세 초기부터 중기까지 유럽에서 성행한 교회 음악의 형태다. 라틴어 가사로 된 로마가톨릭교회의 전통적인 단선율 전례 성가로, 성가의 기원은 그리스도교 이전의 유대교 성가에까지 거슬러 올라가게 된다. 동방 여러 교회의 성가, 유럽 각 지방의 성가 등이 혼합되어 그레고리오 성가의 기초가 이루어졌으며, 그것을 통일·집대성한 교황 그레고리오 1세(Gregorius I, 540-604)의 공헌이 컸다고 전해지는데, 여기서 명칭이 유래되었다.

5 1163년에 착공하여 1345년에 완공된 성당으로 프랑스 고딕 건축물의 대표작이다.

6 윤희철, 『현대건축과 음악과의 대화』(서울: Spacetime · 시공문화사, 2005), p. 17.

7 12세기 프랑스 작곡가로, 파리의 노트르담 악파 초기의 대표 음악가이다.

8 고딕 양식은 고트족의 양식, 즉 야만인의 양식을 뜻하는 말로 부정적인 측면이 많은 용어다.

9 제시부, 발전부, 재현부의 세 부분으로 구성되어 있으며 제시부 앞에는 서주부, 재현부 뒤에는 종결부(coda)가 오는 경우가 많다.

10 윤희철, 『현대건축과 음악과의 대화』, p. 74.

11 중세 프랑스의 시인이자 작곡가다. 왕의 종군 사제로, 성직자의 직업을 갖고 음악가로 활동했으며, 모테트의 발전에 영향을 주었다. 대표 작품으로는 4성부로 구성된 최초의 다성 미사곡 〈노트르담 미사 Messe de Nostre Dame〉(1365년경) 등이 있다.

12 중세 르네상스 시대 종교 음악으로 주로 사용되던 무반주 다성 성악곡을 말한다.

13 윤희철, 『현대건축과 음악과의 대화』, p. 21.

14 리스트에 의해 확립된 개념으로 단악장 형태의 교향곡이다. 표제 음악의 대표적인 예로, 음악 외적인 이야기나 묘사를 담고 있으며, '음시(tone poem)'라고도 한다.

15 리스트는 이 작품 외에도 단테의 작품에서 영감을 받아 창작한 작품으로 1838년 그의 대표 작품 중 하나인 〈순례의 해 제2년: 이탈리아 Années de Pèlerinage: Deuxième année, Italie〉(1837-1849) 중 제7곡 '단테를 읽고(*Apres une lecture du Dante-Fantasia quasi Sonata from*)'라는 단악장의 소나타풍 판타지를 남겼다.

16 바그너에 의해 창안된 것으로 아리아가 있는 오페라와 구별되는 형태를 말한다. 시 · 음악 · 무용을 통일한 종합예술로, 뮤지컬의 모체라 할 수 있다.

17 독일 중세 문학의 가장 위대한 작품 중 하나로, 게르만 민족의 특징이 잘 나타난 작품이며 작가는 미상이다. 이 작품은 바그너의 4부작 오페라 〈니벨룽겐의 반지 Der Ring des Nibelungen, WWV 86〉(1853-1874, 라인의 황금, 발퀴레, 지크프리트, 신들의 황혼)에 북유럽 신화와 함께 영향을 준 작품이다.

18 『천일야화 千一夜話』로 알려져 있는 이 작품은 6세기경 페르시아에서 모은 이야기가 8세기 말경까지 아랍어로 번역되었다. 그 후 15세기경에 완성된 것으로 전해지며, 이야기의 정확한 저자는 알려지지 않았다.

19 19세기 러시아를 중심으로 활동한 작곡가 그룹으로, 러시아의 민속 음악과 전통을 바탕으로 독창적인 음악을 창조해내려 했다. 구성원은 발라키레프(Mily Balakirev, 1837-1910), 보로딘(Alexander Borodin, 1833-1887), 큐이(César Cui, 1835-1918), 무소륵스키(Modest Petrovich Mussorgsky, 1835-1918), 림스키-코르사코프(Nikolai Rimsky-Korsakov, 1844-1908)로, 서유럽 음악 전통과 구별되는 러시아 고유의 음악적 정체성을 확립하는 데 기여했다.

20 세르게이 디아길레프가 1909년 프랑스 파리에서 조직한 발레단으로, 〈셰에라자드 *Scheherazade*〉, 〈불새 *The Firebird*〉 등을 무대에 올렸으며, 1929년 디아길레프가 세상을 떠난 뒤 해체되었다.

21 주로 종교적 목적, 특히 매장을 위해 사용된 인공적인 지하 통로다. 로마시 주위의 지하무덤을 가리키는 말이었으나, 그 의미가 확장되어 굴과 방으로 이루어진 모든 시설을 지칭하는 말이 되었다.

22 박승화, 『세계무용사』(경기: 혜민북스, 2020), p. 60.

23 중세 초기에서 중세 후기에 유행한 빠르고 경쾌한 춤곡으로, 다양한 동작이 포함된 활기찬 춤곡이다. 빠른 템포의 춤곡으로 악기 연주가 중요한 역할을 했다. 본래 춤을 추기 위해 작곡된 음악이었지만, 독립적인 기악음악으로도 연주되면서 에스탕피는 춤곡뿐만 아니라 기악음악으로서도 중요한 역할을 했다.

24 중세 후기에서 르네상스 초기의 왕실 무곡 중 하나로, 서민이 추었던 춤과 차이를 두기 위해 초기에는 발을 바닥에서 떼지 않으며 추었다. 우아하고 부드러운 동작이 특징이며, 느린 템포의 춤곡이다.

25   1600년 전후 성립한 기악곡 또는 그 형식을 뜻하는 말로, '악기를 연주하다'를 뜻하는 이탈
       리어 동사 수오나레(suonare)가 어원으로 처음에는 칸타타(cantata)와 대조되는 말로 쓰였
       다. 16세기 후반 다성적 성악곡인 칸초나 다 수오나레(canzona da suonare)가 칸초나 소나
       타로 바뀌고, 이후 '소나타'로 불리게 되었다.

함께 읽으면 좋은 책

김혜숙·김혜련.『예술과 사상』. 이화여자대학교 출판부, 2007.

단테.『신곡』(*La Divina Commedia*, 1321).

박승화.『세계무용사』. 혜민북스, 2020.

박을미.『중세 음악』. 음악세계, 2006.

윤희철.『현대건축과 음악과의 대화』. Spacetime·시공문화사, 2005.

움베르토 에코.『중세의 미학』. 손효주 역. 열린책들, 2009.

자크 르 고프.『서양 중세 문명』. 유희수 역. 문학과지성사, 2008.

E. H. 곰브리치.『서양미술사』. 백승길·이종숭 역. 도서출판 예경, 2010.

4

르네상스

르네상스(Renaissance)[1]는 재생·부활을 의미하는 시대인데요. 고대 그리스 시대와 로마의 예술·철학·문학 등을 재발견하고 이를 바탕으로 새로운 예술적 표현을 모색했던 시기입니다. 이렇게 르네상스 시대는 예술과 학문에서 고전 시대로의 부활을 목표로 했습니다. 즉 인간의 정신과 지성을 회복하고, 중세 시대에 인정받지 못한 인간 개개인의 중요성을 재발견하는 인본주의(humanism)의 시대였습니다.

르네상스는 14세기 후반 이탈리아에서 시작되어 15, 16세기에 유럽 전역으로 확산되는데요. 특히 피렌체, 베네치아, 로마 같은 도시들이 르네상스의 중심지 역할을 했으며, 경제적 발전과 후원자들의 지원에 힘입어 예술과 학문이 크게 발전했습니다. 또한 이 시대는 중세의 억압이 완화되고, 1450년경에 발명된 인쇄술의 영향으로 정신적·문화적 발전이 이루어진 시기입니다.

르네상스 시대의 건축·문학·미술·무용과 음악

건축	십자가 형태의 바닥 구조와 협주곡 탄생의 연관성

	음악에 영향을 준 문학적 영감	문학적 영향을 받아 탄생한 음악 작품
문학	셰익스피어의 작품	베토벤 〈폭풍 소나타〉 현악 4중주 1번, 2악장
	소네트 형식	비발디 〈사계〉 리스트 〈순례의 해〉
	돈키호테	텔레만 서곡 마스네 오페라 슈트라우스 교향시

미술	원근법 출현과 화성 체계 정립 시기의 연관성

무용	묶음 춤곡과 모음곡의 연관성

4.1 건축: 협주곡의 탄생

르네상스 양식의 건축 분야는 고전적인 비례와 대칭을 강조하며, 고대 시대의 건축 원리를 재해석한 르네상스 건축만의 특징을 간직하여 나타납니다.

르네상스 시대의 음악과 건축은 고대의 비례와 조화를 중시했던 건축 양식과 대위법을 통해 균형과 아름다움을 완성했던 음악적 특징에서 그 연관성을 찾아볼 수 있습니다. 이처럼 르네상스 시대의 두 예술 분야 모두 조화와 균형을 핵심 가치로 삼았다는 점은 특히 주목할 요소입니다. 즉, 르네상스 건축은 고대 그리스와 로마의 비례·대칭·조화에 대한 이해를 바탕으로 발전했습니다. 로마네스크와 고딕 시대의 건축물이 음악에 영향을 주었던 것처럼, 르네상스의 건축 역시 그 고유한 특징들이 음악적 구성에 영향을 준 것으로 볼 수 있습니다.

협주곡의 역사에서도 건축과 음악의 관계성을 확인할 수 있는데요. 협주곡(concerto)은 바로크 시대에 확립된 형식으로, 두 개 이상의 집단으로 분리하는 연주 형태에서 얻어지는 음향의 강한 대조와 대립의 효과를 이용하는 음악 양식을 말합니다. 이러한 협주곡 양식의 근원은 교회의 건축 구조에서부터 시작된 것으로, 십자가 형태의 바닥 구조로 인해 교창식(antiphonal)[2] 창법이 가능해짐에 따라 콘체르타토 양식(stile concertato)이 특징인 음악이 탄생하게 되었습니다. 전통적으로 큰 교회의 바닥 평면은 주로 십자가 형태인데요. 맨 윗부분은 사제(priest), 양옆은 성가대(choir), 그리고 아랫부분은 신자(human)들의 자리입니다.

9세기부터 바실리우스 1세(Basilius I, 811-886)에 의해 창안된 그리스 십자형 바닥 평면의 새로운 교회당이 건설되기 시작했습니다.[3] 이러한 양식의 대표 건축물 중 하나인 베네치아의 성 마르코 성당(Basilica di San Marco)

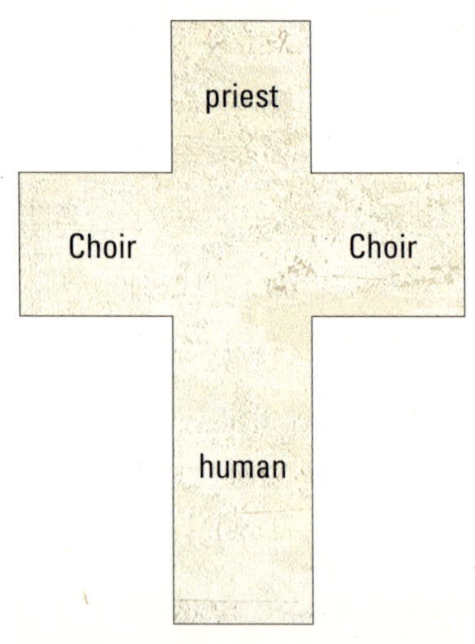

십자가 모양 바닥의 건축물에서 성가대 위치

은 9세기 이후 수 세기에 걸쳐 건축·개축된 성당으로, 내부의 그리스 십자가 모양의 성전 바닥은 좌우의 길이가 같은 구조입니다. 이렇게 서로 마주 보는 발코니로 인해 두 대의 오르간 설치가 용이해졌으며, 분명히 구별된 양쪽 장소에 악기와 연주자들을 나누어 배열할 수 있게 되었죠.[4] 이를 배경으로 많은 작곡가가 두 그룹의 간격과 대조라는 요소에 중점을 두어 작품을 창작하기 시작했으며, 솔로(solo)와 투티(tutti)의 대립을 기반으로 한 협주곡의 형태도 여기서 비롯되었습니다.

르네상스 시대의 많은 작곡가들은 이 시대의 교회 건축 구조를 바탕으로 협주곡 형식을 창안해냈습니다. 빌라르트(Adrian Willaert, 1490-1562)와 A. 가브리엘리(Andrea Gabrieli, 1510?-1586)는 대립적 요소가 부각된 구조의 콘체르토를 도입했고, 이후 협주곡은 A. 가브리엘리의 제자이자 조카인 G. 가브리엘리(Giovanni Gabrieli, 1557-1612)[5]에 의해 큰 발전을 이루게 됩니다.

G. 가브리엘리는 '협주곡'이라는 용어를 처음 사용한 작곡가로서,

16세기 교회 음악의 교창식에서 출발한 협주곡을 절정에 이르게 했을 뿐만 아니라, 합창곡에서 주로 사용되었던 협주곡 형태를 기악곡으로도 확장한 작곡가이기도 합니다. 이렇게 협주곡의 출발점이 건축적인 요소에서 비롯되었다는 사실은 연주가 이루어지는 공간이기도 한 건축물이 그 시대 음악과 긴밀한 관계에 있었던 것임을 보여주는 사례라 할 수 있습니다.

조스캥 데 프레(Josquin des Prez, 1450-1521)는 르네상스 시대를 대표하는 프랑스 플랑드르 악파(Franco-Flemish School)[6]의 작곡가 중 한 사람으로, 이 시대 다성 음악의 거장으로 평가받고 있습니다. 그의 음악은 대위법을 정교하게 활용하고, 음성의 아름다움을 극대화한 것이 특징인데요. 그는 미사곡, 모테트, 세속적 샹송(Chanson) 등 여러 장르에서 뛰어난 작품을 남겼으며, 후대 작곡가들에게 큰 영향을 주었습니다.

조스캥은 다성 음악의 발전에 기여한 작곡가로, 여러 성부가 독자적인 선율을 유지하거나 서로 음악적 흐름을 주고받으면서 각 성부가 조화를 이루는 섬세한 음악을 창조했는데요. 그의 작품의 특징으로는 모방 기법의 사용을 들 수 있습니다. 이는 한 성부에서 제시된 선율이 다른 성부에서 따라가듯 진행되는 방식으로, 조스캥의 음악은 독창적인 리듬 변주와 모방 기법을 활용한 풍부한 대위법적 구조가 특징입니다. 그는 특히 종교 음악 작품에서 가사 전달의 명료함을 중요시했으며, 각 음절을 음악에 잘 맞추어 가사가 뚜렷이 들리도록 구성했습니다. 조스캥은 종교 음악뿐만 아니라 세속적인 샹송도 작곡했는데요. 음악을 통해 가사의 서정성과 정서를 효과적으로 표현했던 작곡가입니다.

이러한 조스캥 데 프레의 음악과 르네상스 건축은 서로 다른 예술 형태이지만, 르네상스 예술의 핵심적 이상인 균형·조화·비례라는 개념을 공유하는데요. 르네상스 시대에는 여러 예술 분야가 인간 중심의 미적 이상을 반영하며 서로 영향을 주고받았습니다.

르네상스 건축은 특히 고전적인 비례와 조화를 중시했습니다. 미켈란젤로와 브루넬레스키(Filippo Brunelleschi, 1377-1446) 같은 르네상스 건축가들이 건물의 균형과 비례를 중요하게 여겼듯이, 조스캥도 자신의 음악에서 성부 간의 균형과 조화를 강조했습니다. 조스캥의 다성 음악은 여러 성부가 각각 독립적으로 움직이지만, 결국 하나의 통일된 음악적 구조를 이루는데요. 이는 건축에서 개별 요소들이 전체 구조를 이루는 방식과 유사합니다.

또한 조스캥의 음악에서 보이는 대위법은 서로 다른 성부들이 동시에 움직이면서도 완벽하게 어우러지는 기법으로, 르네상스 건축의 구조적 복잡성 안에서 이루어지는 통일성과 연결될 수 있습니다. 건축에서도 여러 개의 구조물이 서로 유기적으로 연결되어 전체적인 건물의 미적 · 구조적 완성도를 이루듯, 조스캥의 음악에서도 성부 간의 복잡한 대위적 관계가 완벽한 조화를 이루는 모습을 보여줍니다.

르네상스 건축은 고전적 규칙을 따르면서도 이를 창의적으로 변형하는 방식으로 예술적 자유를 추구했는데요. 조스캥도 고전적인 음악 형식을 따르면서 그 안에서 예술적 자유와 창의성을 발휘하여 새로운 음악적 경지를 개척했습니다. 이러한 사실들은 르네상스 시대의 예술가들이 고전적 규범을 존중하면서도 창의적 변형을 통해 새로운 이상을 추구한 점에서 공통적인 특징을 보여줍니다. 이렇게 조스캥의 대위법적 음악 구조와 르네상스 건축의 비례와 조화는 서로 다른 분야이지만 같은 미학적 원칙을 따르고 있으며, 건축과 음악이 어떻게 르네상스의 정신을 구현했는지 보여줍니다.

그 밖에 르네상스 시대의 건축과 음악의 연관성을 표로 정리하면 다음과 같습니다.

르네상스 시대의 건축과 음악의 연관성

건축가	건축 작품	작곡가	음악 작품	연관성
브루넬레스키	〈피렌체 대성당* 돔〉 (1420–1436)	조스캥 데 프레	〈아베 마리아 Ave Maria, Virgo serena〉 (1475–1485)**	브루넬레스키의 건축물은 고대 로마의 비례와 조화를 부활시켰으며, 조스캥의 음악 역시 대위법과 화성에서 조화와 균형을 중시한 르네상스적 특징을 반영했다.
미켈란젤로	〈성 베드로 대성당 돔〉 (1546–1564)	팔레스트리나 (Giovanni Pierluigi da Palestrina, 1525?–1594)	〈교황 마르첼로 미사 Missa Papae Marcelli〉 (1562–1563)	미켈란젤로의 건축물은 르네상스의 장엄함과 위엄을 나타내며, 팔레스트리나의 미사곡은 엄숙함과 조화로움이 강조된 르네상스 교회 음악의 전형을 보여준다.

* 대성당의 전체 설계는 13세기에 캄비오(Arnolfo di Cambio, 1245–1302)가 처음 시작했으나, 브루넬레스키가 15세기 초에 돔을 완성하면서 피렌체 대성당은 르네상스 건축의 걸작으로 평가받게 되었다.

** 이 작품은 르네상스 시대의 4성부로 이루어진 다성 모테트의 대표적인 예로, 조스캥의 뛰어난 대위법적 능력과 선율적 감각을 잘 보여준다. 제목은 라틴어로 '아베 마리아, 평온한 성모'라는 뜻으로, 성모 마리아를 경배하는 기도를 바탕으로 작곡되었다.

　　성 베드로 대성당은 초기 기독교 시대부터 중요한 교회였습니다. 그러나 시간이 지나면서 교회가 낡아지자 16세기에 새로운 대성당 건축 계획이 세워졌는데요. 대성당의 돔은 건축이 시작된 후 오랫동안 설계가 확정되지 않았으며, 1546년 미켈란젤로가 이 대성당의 수석 건축가로 임명되었습니다. 이때 미켈란젤로는 이미 70세였지만, 대성당의 돔 설계를 맡아 자신의 인생 마지막 18년 동안 이 프로젝트에 몰두했습니다.

　　미켈란젤로는 피렌체 대성당의 돔에서 영감을 받아 2중 구조를 가진 돔을 설계했습니다. 외부 돔과 내부 돔으로 이루어진 이 구조는 미적 아름다움과 동시에 강도를 고려한 설계였는데요. 미켈란젤로는 1546년 성 베드로 대성당 돔의 설계를 맡았고, 1564년 사망할 때까지 돔의 기초 설계를 완성했습니다. 미켈란젤로가 사망한 후에도 그의 설계는 존중되었으며, 그의 후계자인 지아코모 델라 포르타(Giacomo della Porta, 1540-1602)가 1590년에 돔을 완성했습니다. 따라서 미켈란젤로는 돔의 완성은 보지 못했지만, 그의 설계는 성 베드로 대성당의 핵심이 되었습니다.

이러한 역사를 가진 성 베드로 대성당과 팔레스트리나의 작품 〈교황 마르첼로 미사〉 사이에는 르네상스 예술로서의 연관성뿐 아니라 역사적·음악적 연관성이 존재하는데요. 이 연관성은 트리엔트 공의회(Concilium Tridentinum, 1545-1563)[7]와 가톨릭교회의 음악 개혁과 밀접하게 관련되어 있습니다.

성 베드로 대성당은 로마가톨릭교회의 중심지로, 당시 로마가톨릭이 정치적·종교적 영향력을 발휘하는 중요한 장소였습니다. 16세기 중반 가톨릭교회는 프로테스탄트 종교개혁에 대응하기 위해 트리엔트 공의회를 열었고, 이 공의회는 가톨릭교회의 모든 분야에서 개혁을 추진했습니다. 특히, 예배와 성찬에서 사용되는 교회 음악의 개혁도 중요한 문제로 논의되었는데요. 당시 교회 음악, 특히 다성 음악이 지나치게 복잡하고 가사가 명확하게 전달되지 않는다는 비판이 있었습니다. 이러한 배경에서 교회 내에서는 음악의 단순화와 가사의 명료성을 요구하는 목소리가 커졌고, 트리엔트 공의회는 신앙의 본질을 해치지 않도록 교회 음악을 개혁할 것을 지시했습니다.

팔레스트리나는 가톨릭교회의 중요한 작곡가로, 그의 작품은 교회 음악 개혁의 방향에 완벽하게 부합했습니다. 그는 당시 성 베드로 대성당과 로마의 여러 성당에서 음악감독과 작곡가로 활동했으며, 교회가 요구한 가사의 명료함과 영성을 음악에 반영했습니다. 〈교황 마르첼로 미사〉는 팔레스트리나가 1555년에 잠시 재위했던 교황 마르첼로 2세를 기리기

성 베드로 광장과 성 베드로 대성당

위해 작곡한 미사곡으로, 교회 음악 개혁의 상징적인 작품으로 간주되는데요. 이 미사곡은 당시 트리엔트 공의회가 요구한 교회 음악의 명료성과 단순화된 음악을 보여주는 대표적인 예입니다.

팔레스트리나, 〈교황 마르첼로 미사〉, 1562-1563
https://youtu.be/KSmT4VljEtl?feature=shared

트리엔트 공의회에서 강조된 대로 팔레스트리나는 가사의 명료함을 위해 각 성부의 복잡한 대위법적 요소를 줄이고, 가사와 선율 간의 조화를 강조했는데요. 이로 인해 신자들이 예배 중에 가사의 의미를 더욱 잘 이해할 수 있게 되었습니다.

이렇게 팔레스트리나는 다성 음악의 장점을 유지하면서도 각 성부가 너무 복잡하게 얽히지 않도록 조정하여 음악적 균형을 이끌어냈는데요. 성 베드로 대성당에서 울려 퍼진 그의 음악은 교회의 영적 지도와 음악적 이상을 표현하는 중요한 수단이 되었으며, 성 베드로 대성당의 위상과 맞물려 팔레스트리나의 음악적 명성도 더욱 높아졌습니다.

4.2 문학: 셰익스피어와 소네트

르네상스 시대의 문학과 음악은 인문주의와 조화, 균형이라는 공통된 가치관을 중심으로 발전하며 서로 깊은 영향을 주고받았습니다. 르네상스 시대의 중요한 음악 장르인 마드리갈(madrigal)[8]은 시와 음악의 밀접한 연관성을 보여주는 형식으로, 주로 사랑, 자연, 인간의 삶 같은 주제를 다룬 시를 음악적으로 표현했습니다. 이러한 마드리갈은 시적 감정을 음악적으로 표현하는 데 중점을 두었으며, 텍스트 페인팅(text painting)이라는 기법을 사용해 가사의 의미를 음악으로 전달하려 했는데요. 예를 들어 '오르다'라는 가사는 높은음으로, '떨어지다'라는 단어는 낮은음으로 표현했습니다.

또한 르네상스 후기에 시작된 초기 오페라는 고대 그리스의 연극과 문학을 부활시키려는 시도에서 탄생했습니다. 이탈리아의 초기 오페라 작곡가들은 주로 고전 문학 작품을 바탕으로 오페라를 작곡했는데요. 이는 오페라가 그 기초를 문학적인 것에 두고 발전했다는 것을 알 수 있습니다.

문학 분야는 단테를 거쳐 르네상스 시대의 대표 작가 셰익스피어(William Shakespeare, 1564-1616)[9] 이후 밀턴, 조이스(James Augustine Aloysius

Joyce, 1882-1941)[10] 등과 같은 작가들의 작품 활동으로 이어졌으며, 15세기 중반 구텐베르크(Johannes Gutenberg, 1400년경-1468)가 발명한 금속활자 인쇄술로 인해 문학의 전성기를 이루게 됩니다.

인쇄술의 발전은 악보 보급으로 인한 음악의 보편성 실현을 가능하게 하는 등 음악에 적지 않은 영향을 주었는데요. 활판 인쇄술은 악보 보급에도 영향을 주어 베네치아에서 1501년 악보 출판업자 페트루치(Ottaviano Petrucci, 1466-1539)에 의해 활판 인쇄술을 이용한 최초의 악보가 출판됩니다.[11] 악보 출판의 대량화가 가능해짐에 따라 신속성과 저렴한 가격을 강점으로 많은 사람에게 악보 보급이 용이해졌으며, 그에 따라 이전 시대와 다르게 음악을 대중에게 쉽게 전달할 수 있는 길이 열렸는데요. 악보 보급으로 인한 음악의 보편화는 작품이 연주되는 장소 역시 교회와 궁정을 넘어서 귀족의 자택 등으로 확장되는 계기를 마련했습니다.

또한 이 시대의 대표 인물인 루터(Martin Luther, 1483-1546)가 특권층의 전유물이었던 성경을 독일어로 번역하면서 일반 시민에게 성경 보급이 가능해졌고, 그 결과 종교개혁운동(The Protestant Reformation)[12]이 초래되었습니다. 루터는 종교뿐만 아니라 음악에도 영향을 준 인물인데요. 그로 인해 발전한 코랄은 이후 찬송가(hymn)의 발전으로 이어졌으며, 이는 기독교 음악에 큰 영향을 주게 됩니다.

베토벤은 종종 문학에서 받은 특정한 이미지를 떠올리면서 작곡했는데요. 〈폭풍 소나타 Piano Sonata No. 17 'Tempest' in D minor, Op. 31〉(1801-1802)에는 셰익스피어의 희곡 『템페스트 Tempest』(1611-1612)에 나타나는 서사성이 내재되어 있는 것으로 알려져 있죠.[13] 또한 〈현악 4중주 1번 String Quartet No. 1 in F Major, Op. 18-1〉(1799-1800) 중 베토벤의 내면적 원숙미를 보여주는 2악장은 셰익스피어의 『로미오와 줄리엣 Romeo and Juliet』(1597) 중 무덤 장면에서 영감을 받아 작곡된 것으로 알려져 있습니다.[14] 이 작품의 악보에

명시된 '애정과 열정을 지닌 아다지오(Adagio affettuoso ed appassionate)'라는 음악 용어는 곡의 분위기를 알려주는 표기로, 베토벤은 자신의 작품에 종종 이러한 표현을 써놓았는데요. 이는 글로 곡의 성격에 대한 정보를 제공해주는 프로그램 음악적인 성격을 보여준다고 볼 수도 있습니다.

르네상스 시대의 시문학 중 음악에 직접적인 영향을 준 대표적인 형식으로 소네트(sonnet)가 있습니다. 소네트는 정형시 중 가장 대표적인 형식으로, '짧은 노래' 또는 '작은 소리'를 의미하는 옥시타니아어 'sonnet'와 이탈리아어 'sonetto'에서 유래된 용어인데요. 이 형식은 13세기 이탈리아의 민요에서 파생되어 발전했습니다. 소네트 형식은 중세 시대 단테와 페트라르카(Francesco Petrarcha, 1304-1374)[15]에 의해 완성되었고, 르네상스 시대 이후 유럽 전역에 유포되었는데요. 운율을 매기는 방법에 따라 이탈리아 소네트와 영국식 소네트로 나뉩니다.

이탈리아 소네트는 보통 14행으로 구성되며, 옥타브(octave, 8행)와 세스테트(sestet, 6행) 두 부분으로 나뉩니다. 옥타브 4행씩 두 개로 이루어진 이 부분으로 문제를 제기하거나 질문을 던져 긴장감을 조성하고, 세스테트 3행씩 두 개로 이루어진 부분으로 문제를 풀거나 질문에 대한 답을 제시하며 긴장을 해소합니다. 이탈리아 소네트는 일반적으로 'abba-abba-cde-cde'의 운율 구조를 따르며, 내용은 '서곡-전개-새로운 시상 도입-종합 결말'의 기승전결 방식으로 구성되어 있는 것이 특징입니다. 페트라르카는 이 소네트 형식을 서정시로 발전시켜 근대 국민 문학의 선구자가 되었는데요. 그의 대표작인 『칸초니에레 *Canzoniere*』(1327-1373)는 317편의 소네트로 구성된 연작 시집으로 이탈리아 소네트의 대표작이며, 이 작품을 통해 '이탈리아(페트라르카)풍 소네트'[16]가 확립되었습니다.

영국에서는 셰익스피어, 밀턴과 같은 작가들이 소네트 형식을 발전시켰습니다. 영국식 소네트는 이탈리아 소네트에서 변형된 형태로, 4행씩

세 부분과 2행의 결구로 이루어져 있습니다. 구조는 'abab-cdcd-efef-gg'로, 마지막 두 행에서 결론을 내리는 형식입니다. 셰익스피어는 150편이 넘는 소네트를 남기며 이 형식을 널리 알렸습니다.

이탈리아와 영국 소네트의 영향은 보들레르(Charles-Pierre Baudelaire, 1821-1867), 말라르메(Stéphane Mallarmé, 1842-1898), 발레리(Paul Ambroise Valéry, 1871-1945), 릴케(Rainer Maria Rilke, 1875-1926) 같은 시인들에게 이어졌으며, 이들은 소네트 형식을 사용해 중요한 작품들을 남겼는데요. 따라서 소네트는 르네상스에서 시작해 현대에 이르기까지 문학과 음악에 큰 영향을 준 중요한 시 형식으로 자리 잡았다고 할 수 있습니다.

이러한 소네트 형식의 작품은 음악적으로 표현되기도 하는데요. 대표적인 음악 작품으로는 비발디(Antonio Vivaldi, 1678-1741)의 〈사계 Le Quattro Stagioni〉(1725)[17]가 있습니다. 바로크 시대를 대표하는 작곡가 비발디는 바이올린 협주곡 〈사계〉에서 1년에 나타나는 사계절을 음악으로 표현했는데요. 봄은 녹색을 연상시키는 E 장조로, 여름은 나른해지는 G 단조, 가을은 수확의 계절이므로 농부들의 쾌활한 모습을 연상시키는 F 장조, 겨울은 얼어붙은 얼음 위를 걷는 사람들의 유머러스한 모습과 나룻가에서 내다본 밖의 풍경을 묘사한 F 단조로 작곡되어 있습니다.

봄, 여름, 가을, 겨울에 대한 위의 설명은 〈사계〉 악보에 쓰여 있는 소네트 내용으로, 악장마다 자신이 표현하고자 하는 이미지를 소네트를 통해 전달하고 있는데요. 작품에 쓰여 있는 소네트의 작자는 알려져 있지 않지만, 비발디는 자신이 음악으로 표현하고자 하는 것을 악보에 소네트 형식의 시로 제시해줌으로써 프로그램 음악적인 형태를 취하고 있다고 볼 수 있습니다.

19세기의 대표 작곡가 리스트는 화려한 기교와 르네상스 문학이 어우러진 작품을 완성하는데요. 4집으로 구성되어 총 26곡으로 된 피아노

소품집인 〈순례의 해 Années de Pèlerinage〉(1835-1877)[18] 중 2권의 제2년은 이탈리아에 영감을 받아 작곡한 7곡으로 구성되어 있으며, 그중 4-7번 〈페트라르카의 소네트 Sonetto del petrarch〉(1846)[19]는 14세기에 활약했던 이탈리아 시인 페트라르카의 서정 시집에서 14행으로 된 소네트를 골라 이 시가 갖고 있는 정서를 표현한 작품입니다.

비발디는 소네트를 이용하여 자신이 표현하고자 하는 것을 악보에 남겼으며, 리스트는 시문학 중 하나인 소네트에 영감을 받아 음악을 작곡했다는 사실은 르네상스 문학과 음악의 깊은 연관성을 보여주는 사례라 할 수 있죠.

또한 이 시기는 영국 르네상스의 대표 작가이자 많은 양의 극시를 남긴 셰익스피어, 문학사적으로 최초의 근대 소설로 평가되는 『돈키호테 Don Quixote』(1605)를 남긴 스페인 작가 세르반테스(Miguel de Cervantes, 1547-1616) 등이 활동했던 시기인데요. 소설 『돈키호테』는 많은 작곡가에게 영감을 준 작품으로, 텔레만(Georg Philipp Telemann, 1681-1767), 마스네(Jules Emile Frédéric Massenet, 1842-1912), R. 슈트라우스(Richard Strauss, 1864-1949) 등 많은 작곡가들은 이 소설을 소재로 다양한 작품을 남겼습니다.[20]

이러한 작품들은 문학을 이용한 묘사적인 음악 또는 프로그램 음악(programme music)[21]이라고 할 수 있습니다. 프로그램 음악은 절대 음악(absolute music)[22]과 대조적인 개념으로 감상자가 음악 작품과 음악 외적 요소, 즉 이미지, 텍스트, 상황, 발상 또는 이야기 사이의 관련성에 주의를 기울이도록 하는 기악음악을 지칭하는 용어인데요.[23]

프로그램 음악을 대표하는 작품으로는 비발디의 〈사계〉, 베토벤의 〈에그몬트 서곡 Overture 'Egmont' in F Major, Op. 84〉(1809-1810),[24] 베를리오즈(Hector Berlioz, 1803-1869)의 〈환상 교향곡 Symphonie 'Fantastique' in C Major, Op. 14〉(1830),[25] 그리고 쇤베르크(Arnold Schönberg, 1874-1951)의 〈정화된 밤

Verklärte Nacht, Op. 4〉(1899) 등이 있습니다.

이 밖에 르네상스 문학과 음악의 특징적 관계를 보여주는 작품들을 정리하면 다음과 같습니다.

르네상스 문학과 음악의 연관성

문학 작가	문학 작품	작곡가	음악 작품	연관성
페트라르카	『칸초니에레』	루카 마렌치오 (Luca Marenzio, 1553–1599)	〈마드리갈 집 Il primo libro de madrigali a cinque voci〉 (1580)	페트라르카의 사랑과 인간의 감정을 탐구한 시는 마렌치오의 〈마드리갈〉에 영향을 주었으며, 시와 음악의 결합을 통해 감정을 더욱 풍부하게 표현했다.
셰익스피어	『로미오와 줄리엣』	토마스 몰리 (Thomas Morley, 1557?–1602)*	〈아름다운 나의 라르콘트 Arise, Awake you silly Shepherds〉 (1595)	셰익스피어의 연애 비극과 몰리의 세속적 마드리갈은 인간의 감정, 특히 사랑을 중심 주제로 다루며, 르네상스의 인간 중심적 미학을 반영했다.

* 영국의 위대한 마드리갈 작곡가이자 오르간 연주자이자 음악이론가다.

이탈리아 소네트와 영국 소네트

소네트 구조와 이 시대의 음악 형식 사이에는 유사점이 존재합니다. 소네트의 14행 구조는 음악의 프레이즈(phrase)와 유사한 방식으로 이해될 수 있습니다. 즉 소네트의 각 행이 시의 전체적인 의미와 감정을 전달하는 데 중요한 역할을 하듯이, 음악의 각 프레이즈도 전체 작품의 감정과 메시지를 전달하는 역할을 하는데요. 이와 같은 유사성을 통해 소네트의 구조가 음악 작곡에 영향을 주었다고 해석할 수 있습니다.

또한 소네트는 바로크 시대의 오페라에서 아리아의 가사로 종종 찾아볼 수 있는데요. 아리아의 극적인 표현을 하는 데 소네트가 사용되었습니다. 이러한 소네트는 크게 이탈리아 소네트(페트라르카 소네트)와 영국 소네트(셰익스피어 소네트)로 나눌 수 있는데요. 두 소네트의 특징과 차이점을 비교해보면 다음 표와 같습니다.

이탈리아 소네트는 페트라르카가 대표 시인으로, 이상적인 사랑과 미에 대한 찬미를 표현했습니다. 영국 소네트는 셰익스피어가 대표적인 시인인데요. 사랑뿐만 아니라 시간, 죽음, 배신 등 다양한 주제를 탐구하며, 종종 아이러니나 냉소적인 시각을 포함합니다.

이탈리아 소네트와 영국 소네트는 각각의 구조와 운율, 주제 전개 방식에서 차이점을 보이지만 모두 인간의 감정, 특히 사랑과 관련된 주제를 탐구하는 데 중점을 두는 공통점을 가지고 있습니다.

이탈리아 소네트(페트라르카 소네트)와 영국 소네트(셰익스피어 소네트)의 특징과 공통점

구분	이탈리아 소네트 (Petrarchan Sonnet)	영국 소네트 (Shakespearean Sonnet)	공통점
구조	14행: 1개의 옥타브(8행) + 1개의 세스텟(6행)	14행: 3개의 4행연(Quatrain) + 1개의 2행연(Couplet)	모두 14행으로 구성되며, 엄격한 운율 구조를 가진다.
운율	ABBAABBA(옥타브) + CDECDE 혹은 CDCDCD	ABABCDCDEFEFGG	두 형식 모두 특정한 운율 구조를 따라 시가 구성된다.
주제 전개 방식	옥타브에서는 주제나 문제 제시, 세스텟에서는 해결책이나 반전을 제시한다.	각 4행연에서 주제나 문제의 다양한 측면 탐구, 마지막 2행연에서 해결책이나 결론을 제시한다.	주제나 문제를 제시하고, 이를 해결하거나 결론을 도출하는 구조적 특성을 공유한다.
변화점 (volta)	9행에서 주제의 변화 또는 반전이 나타난다.	보통 9행 또는 마지막 2행에서 주제의 변화나 반전이 나타난다.	두 형식 모두 주제 전환점인 'volta'가 존재한다.
주제	주로 사랑, 미, 영원한 갈망 같은 개인적이면서도 보편적인 주제를 사용한다.	사랑, 시간, 죽음, 배신 같은 다양한 주제, 종종 사랑에 대한 아이러니나 냉소적 시각을 포함한다.	주로 사랑 같은 인간의 보편적 감정을 다루며, 삶의 본질을 탐구한다.
역사적 배경	14세기 이탈리아에서 페트라르카에 의해 정립되었다.	16세기 영국에서 셰익스피어에 의해 확립되었다.	르네상스 시대에 발전한 문학 형식으로, 인간의 감정을 탐구하는 데 중점을 둔다.
목적	이상적 사랑에 대한 찬미, 미의 영원성에 대해 강조했다.	사랑의 다양한 측면을 탐구하며, 종종 현실적인 사랑의 복잡성을 드러낸다.	인간의 감정, 특히 사랑에 대한 깊은 탐구를 목표로 한다.

4.3 미술: 원근법과 화성 체계

　르네상스 시기는 예술·과학·철학 등이 인간 중심의 세계관을 바탕으로 융합된 시기로, 미술과 음악도 서로 영향을 주고받으며 발전했습니다. 르네상스 시대 대표 작곡가인 조스캥 데 프레의 작품을 통해 미술과 음악의 연관성에 대해 정리하면 다음과 같습니다.

르네상스 시대 미술과 음악의 연관성

미술가	미술 작품	작곡가	음악 작품	연관성
레오나르도 다빈치	〈최후의 만찬 The Last Supper〉 (1495–1498)	조스캥 데 프레	〈미사 브레비스 Missa Brevis〉 (15세기 후반)	레오나르도의 작품은 인간의 감정과 신성한 순간을 강조하며, 조스캥의 음악은 성스러운 미사 의식을 통해 깊은 경건함을 표현한다.
라파엘로 (Raffaello Sanzio, 1483–1520)	〈아테네 학당 The School of Athens〉 (1509–1511)		〈무장한 사람 미사 Missa L'Homme armé〉 (1480경)[*]	라파엘로의 작품은 철학과 학문의 조화를 상징하며, 조스캥의 미사는 전쟁과 평화의 주제를 다룬다. 르네상스의 인간주의 정신이 반영되어 있다.
티치아노 (Tiziano Vecellio, 1488?–1576)	〈성모 승천 Assumption of the Virgin〉 (1516–1518)		〈아베 마리아 Ave Maria〉 (1502)	티치아노의 작품은 성모의 신비로움을 묘사하며, 조스캥의 〈아베 마리아〉는 성모에 대한 깊은 신앙과 경의를 표현한 작품이다.

[*] 15세기 프랑스에서 널리 퍼진 〈L'Homme armé〉라는 세속 노래를 바탕으로 한 작품으로 전쟁과 관련된 주제를 다루고 있다. 조스캥을 포함한 여러 작곡가는 이 선율을 정신적이고 종교적인 주제와 결합하여 미사곡을 작곡했으며, 이는 세속적 선율과 종교적 형식의 결합을 보여주는 중요한 예다.

　르네상스 시대의 미술과 음악에서는 종교적 내용을 담은 경건한 작품, 그리고 시대적 배경에서 나타나는 인본주의 사상의 표현이 함께 나타났습니다.

미술사에서는 14세기 이후 원근법이 출현하기 전까지 주로 성당 내부를 장식하는 종교적 색채가 짙은 작품들이 대부분이었는데요. 르네상스 시대에 접어들면서 14세기 후반 원근법(遠近法, perspective)[26]의 본격적인 등장과 함께 미술과 음악은 더욱 밀접한 관계를 맺게 됩니다. 흥미로운 점은 서양음악의 화성 체계가 이론화된 시기가 이탈리아 피렌체에서 브루넬레스키가 원근법을 확립한 시기와 거의 일치한다는 사실입니다.[27] 미술에서의 원근법과 음악에서의 화성 체계는 각각 시각과 청각 예술에서 생동감과 깊이를 부여한 중요한 요소인데요. 그 발생이 비슷한 시기에 이루어졌다는 것은 매우 흥미로운 사실입니다.

미술에서 원근법은 앞서 설명해 드린 바와 같이 15세기 초 이탈리아에서 발전했고, 음악에서 화성법의 발전은 15세기 중반에 두드러집니다. 이 시기에는 다양한 성부가 독립적으로 움직이면서도 전체적으로 조화를 이루는 다성 음악이 발달했는데요. 음악 이론가인 팅크토리스(Johannes Tinctoris, 1435-1511)가 1477년경 화성법에 관한 저서 『대위법의 예술에 관하여 Liber de artecontrapuncti』[28]를 집필하면서 당시 음악 이론에 큰 영향을 주었던 것으로 알려져 있습니다.

이렇게 원근법과 화성법은 각각 미술과 음악에서 입체감을 강조하는 기술로 비슷한 시기에 발전했는데요. 원근법이 15세기 초부터 중반에 걸쳐 이탈리아에서 확립된 반면, 화성법은 다성 음악의 발달과 함께 같은 시기에 유럽 전역에서 발전하게 됩니다. 비슷한 시기에 등장한 이 두 이론으로 인해 미술의 시각적인 면과 음악의 청각적인 면이 좀 더 입체적으로 표현이 가능해졌는데요. 이러한 사실은 예술사적으로 큰 의미가 있습니다.

서양 미술에서 '실제와 똑같음(박진성, Verisimilitude)'의 정도를 높이는 기법의 발달은 르네상스 초기 화가들에 의한 원근법의 창안에서 정점을 이루는데요.[29] 과학적인 방법을 이용해 사실을 표현하는 원근법은 이전

성 삼위일체

시대 미술에서 중요도에 따라 인물의 크기가 정해졌던 것과 다르게 눈에 보이는 그대로를 화폭에 담는 것을 가능하게 했습니다.

이탈리아 피렌체에 있는 산타 마리아 노벨라 성당(basilica of santa maria novella) 벽에 그려져 있는 프레스코화인 마사초(Masaccio, 1401-1428)의 〈성 삼위일체The Trinity〉(1424-1428)는 원근법을 회화에 최초로 도입한 작품으로 알려져 있습니다. 이 작품은 소실점을 이용한 원근법을 사용함으로써 이전 시대와는 다르게 입체감이 나타납니다. 또한 르네상스 시대는 많은 천재 작가들이 활동했던 시기로 다빈치, 미켈란젤로,[30] 라파엘로 등이 활동했던 시기죠. 이렇게 르네상스 시기 미술 분야가 입체감을 부각하는 원근법을 이용하여 회화의 정교함이 높아졌듯이, 음악에서는 화성 체계의 발달로 음악의 구성도가 높아지게 되는데요. 르네상스 음악은 조스캥 데 프레와 라소(Orlandus Lassus, 1532-1594), 팔레스트리나 등에 의해 작곡된 다성 음악의 발달로 화성 체계의 발전이 나타났던 시기입니다. 이렇게 두 분야가 이전 시대의 평면성을 버리고 입체성을 갖게 되는 시기가 비슷한 흐름으로 나타났다는 것은 우연이 아니겠지요?

4.4 무용: 묶음 춤곡과 기악 모음곡

르네상스 시대에는 사교춤이 유행하여 이와 함께 춤음악도 발달하게 되는데요. 춤이 사교 생활에 중요한 역할을 했기 때문에 작곡가들은 대중의 기호에 맞게 작곡했고, 이는 점차 독립적인 기악음악으로 발전하는 계기가 되었습니다. 이렇게 르네상스 시대에는 춤이 단순한 오락을 넘어 사회적 지위를 나타내는 중요한 요소로 간주되었는데요. 특히 귀족사회에서는 무용 교육이 필수였으며, 이를 통해 개인의 세련됨과 교양을 드러낼 수 있다고 생각했습니다. 귀족들은 사교적인 모임에서 춤을 추었으며, 이러한 모임에서 연주되는 음악은 귀족의 취향과 품위를 반영한 것으로, 이로 인해 춤곡의 구조와 형식이 점점 더 복잡해지고 정교해졌습니다.

르네상스 시대부터 시작되었던 묶음 춤곡[31]은 16세기 프랑스와 영국에서 큰 인기를 끌었던 장중한 춤곡인 파반느(pavane)[32]와 활기찬 춤곡인 갤리어드(galliard)[33]의 결합으로 이어지게 되는데요. 르네상스 시대의 다른 중요한 무곡 유형으로는 알라망드(allemande), 볼타(volta) 등이 있으며, 이 무곡들은 이후 바로크 시대 모음곡 형식의 기초가 됩니다. 즉, 묶음 춤곡은 17세기 초에는 여러 개의 춤곡을 하나로 묶어 춤을 추거나 실내악을 위한 모음곡으로 확대됩니다.

이러한 모음곡은 1660년경 두 개의 소나타 형식인 교회 소나타와 실내 소나타로 나누어지게 되는데요. 1670년 이후 소나타는 연주할 때 가장 흔한 악기 편성에 의해 이름 붙여진 트리오 소나타(trio sonata)[34]의 형태를 띠게 됩니다.

이후 두 소나타 형식 중 교회 소나타는 점차 쇠퇴하게 되며, 실내 소나타는 기악음악에서 중요한 형식 중 하나인 소나타 형식의 모체가 됩니다. 이렇게 춤음악은 바로크 시대에 모음곡의 형태로 발전하게 되는데요. 모음곡이라는 용어는 16세기 중반에 처음 사용되었고, 어원은 프랑스어 동사 수브르(suivre, 연결되어 이어지다)에서 유래되었습니다.

모음곡은 17세기에 이르러 양식화된 형태의 실내악을 위한 작품들로 구성되는데요. 이후 모음곡은 17세기 후반, 즉 후기 바로크 시대에 몇 개의 음악이 연결된 의미로 사용되었고 일반적으로 춤곡의 성격을 띤 동일한 조성의 소곡들로 이루어진 복합 기악 형식으로 발전하게 됩니다. 초기의 모음곡은 알라망드-쿠랑트-사라방드 세 곡에 의한 3악장 구성이었다가 여기에 지그를 도입하여 쿠랑트의 전후에 위치시킴으로써 'A-C-G-S'형을 이루게 되는데요. 모음곡에 대한 자세한 설명은 바로크 시대 부분에서 말씀드리겠습니다.

이렇게 르네상스 시대에 시작된 느린 춤곡과 빠른 춤곡을 엮어서 만든 묶음 춤곡이 이후 모음곡, 즉 조곡을 탄생시켰고 이것이 나중에 소나타 형식으로 발전하게 됩니다.[35] 중세 시대 에스탕피에서부터 본격화된 춤음악이 르네상스를 거쳐 모음곡이라는 장르로 확대되고, 이후 소나타 형식으로 발전되었다는 사실을 통해 춤곡이 음악 형식에 큰 영향을 주었다는 것을 알 수 있습니다. 물론 오늘날에는 음악 없이 이루어지는 무용 공연도 존재하지만, 무용은 본질적으로 음악과 깊이 연결된 예술 장르로, 음악 없이 그 완전함을 이루기 어려운 경우가 많습니다. 무용과 음악이 오랜 시간 서로에게 영감을 주고받으며 긴밀한 관계를 이어왔다는 사실, 놀랍지 않으신가요?

　또한 르네상스 무용 음악의 리듬과 구조는 매우 명확하고 규칙적이었는데요. 예를 들어 파반느는 느리고 장중한 2박자 리듬을 가지고 있으며, 갤리어드는 활기차고 빠른 3박자 리듬을 가지고 있습니다. 이 시대의 춤에서 나타나는 리듬적 특징은 춤 음악에 영향을 주었는데요. 이러한 사실은 무용과 음악이 얼마나 긴밀하게 결합되어 있었는지를 보여줍니다.

1 문예부흥이라고 불리는 르네상스는 그 의미가 '재생', 즉 그리스·로마로의 회귀를 뜻한다. 인간 본연의 개성과 자유가 존중되었던 시기로, 14세기 후반부터 17세기 초반 사이에 일어난 문예부흥 또는 문화 혁신 운동을 말한다.

2 각각 다른 성가대 그룹이나 두 명 이상의 독창자가 서로 번갈아 노래하는 창법을 말한다. 고대 교회의 시편 낭송으로부터 시작된 교창은 원래 유대인의 전통을 계승한 것으로, 사제가 시편의 각 절을 노래하면 합창이 반복되는 구절을 답창하는 것에서 유래되었다.

3 정영철, 『서양건축사』(서울: 기문당, 2009), p. 196.

4 마이클 로더, 『협주곡의 역사』, 김난희 역(서울: 음악춘추사, 1997), p. 17.

5 16세기 후반 다성적 성악곡인 칸초나를 기악화한 칸초나 다 소나르(canzona da sonar)를 작곡하는 등 기악음악 발전에 크게 이바지한 작곡가이다.

6 플랑드르 악파는 15세기에서 16세기 르네상스 시기에 플랑드르 지역(현재의 벨기에와 네덜란드 일부)을 중심으로 활동했던 작곡가들을 지칭한다. 이들은 당시 유럽 음악의 중심지였던 플랑드르와 부르고뉴를 기반으로 활동했으며, 특히 다성 음악의 발전에 큰 기여를 했다. 대표적인 작곡가로는 조스캥 데 프레, 요하네스 오케겜(Johannes Ockeghem, 1410-1497), 기욤 뒤파이(Guillaume Dufay, 1397-1474) 등이 있다.

7 18년 동안 이탈리아 북부의 트리엔트(지금의 Trento)에서 개최된 종교회의로, 종교개혁(reformation)에 맞서 가톨릭 교리와 체계를 재정비했다. 트리엔트 공의회는 종교개혁에 따른 교회 분열을 수습하기 위해 소집되었지만, 실질적으로 프로테스탄트(protestant)의 참여는 이루어지지 않았다.

8 르네상스 후기인 16세기에 이탈리아에서 발전한 세속 성악곡이다.

9 셰익스피어는 자신의 대표 작품들을 통해 새로운 어휘들을 창작해냈는데, 영국인이 통상적으로 쓰는 단어가 약 4천 개인 데 비해 그의 작품에서 쓰인 단어 개수는 1만 5천 개에 이른다고 알려져 있다.

10 아일랜드의 소설가이자 시인으로 20세기 문학에 커다란 변혁을 가져온 작가다.

11 〈화성음악의 100가지 노래 Harmonice Musices Odhecaton〉(1501)라는 다성 음악을 이용한 세속 노래 악보집을 출판했는데, 이는 금속 활자로 인쇄된 최초의 악보로 알려져 있다.

12 16세기 유럽에서 로마가톨릭교회에 반대하여 일어난 개혁 운동으로, 1517년에 루터가 95개조 반박문을 제시하여 면죄부 판매를 공격한 데서 비롯했다. 개인의 신앙과 성서 해석의 중요성을 강조했고, 그 결과 프로테스탄트 교회가 성립되는 결과를 가져왔다.

13 최미세, 「베토벤의 음악적 정체성과 이념에 대한 접근(1)」, 『괴테연구』 33(2020), p. 233.

14 음악지우사 편집부 편, 『작곡가별 명곡 해설 라이브러리 1-베토벤』, 음악세계 편집부 역(서울: 도서출판 음악세계, 1999), p. 181.

15 페트라르카는 단테에게 직접적인 영향을 받은 인물로, 민요에서 서정시(소네트)를 발전
시켜 근대 문학의 선구자가 되었다.

16 페트라르카 시풍(Petrarchismo)을 뜻하는 말로 페트라르카의 작품을 모방하는 작풍을 말
한다.

17 〈사계〉는 봄(No. 1 Primavera), 여름(No. 2 Estate), 가을(No. 3 Autunno), 겨울(No. 4
Inverno)로 구성되며, 〈Il cimento dell'armonia e dell'inventione, Op. 8, No. 1-4〉에 포함되
어 있는 협주곡이다.

18 스위스와 이탈리아에서의 인상을 피아노를 통해 음악화한 작품으로 1855년에 출판된 '첫
번째 해 스위스(Première année, Swiss, 1835-1836, 1848-1854)', 1858년에 출판된 '두 번
째 해 이탈리아(Deuxième année, Italie, 1837-1849)', 마지막으로 1883년에 출판된 이탈
리아를 소재로 한 '세 번째 해(Troisième année, 1867-1877)'로 리스트가 긴 시간을 거쳐
완성한 작품이다.

19 페트라르카의 소네트 No. 47, No. 104, No. 123을 말한다.

20 바로크 시대의 텔레만은 『돈키호테』를 주제로 오케스트라 조곡 〈돈키호테 조곡 Burlesque
de Quixotte, TWV 55:G10〉(1761)을 작곡했으며, 이후 프랑스 작곡가인 마스네가 작곡한
오페라 〈돈키호테 Don Quichotte, Op. 282〉(1910)가 있다. 또한 R. 슈트라우스가 돈키호
테를 주제로 지은 교향시 〈돈키호테 Don Quixote, Op. 35〉(1897)가 있으며, 이 작품은 R.
슈트라우스 특유의 화려한 관현악 작법이 구현된 작품으로 돈키호테는 첼로 독주로, 그의
조언자이자 친구인 산초 판사(Sancho Panza)는 비올라와 베이스 클라리넷, 그리고 튜바에
의해 묘사된다. 비올라가 산초 판사의 주요 음색을 담당하며, 베이스 클라리넷과 테너 튜
바는 산초의 어리숙한 행동과 유머러스함을 생동감 있게 그려낸다.

21 표제 음악을 뜻하는 말로, 음악 외적 주제에 바탕을 둔 기악 작품을 말한다.

22 음악 외적인 요소와 연관 지어지지 않고 음의 순수한 예술성만을 목표로 작곡된 기악
곡을 말한다. 대표 작곡가로는 브람스(Johannes Brahms, 1833-1897), 브루크너(Anton
Bruckner, 1824-1868)가 있다.

23 스티븐 다운스, 『음악미학: 음악학적 접근』, 민은기 외 역(파주: 음악세계, 2020), p. 116.

24 베토벤이 문학 작품을 염두에 두고 작곡한 대표적 작품으로, 괴테의 동명 희곡에 영향을
받아 창작된 음악이다.

25 고정된 관념을 나타내는 선율인 고정 악상(idée fixe)을 통해 표제 음악을 개척했다.

26 기원전 5세기 그리스 화가인 폴리그노토스(Polygnotos, B.C. 480?-B.C. 440?)가 처음 원
근법을 사용했다고 전해지나 개념화되지 못했다. 고대부터 사용한 원근법은 중세에는 거
의 사용되지 않다가 르네상스 시대에 체계화되었으며, 1417년 무렵 건축가 브루넬레스키
가 최초의 실험적 시도로 투시 원근법과 소실점에 대한 과학적 접근을 완성한 이후 회화
에서는 마사초에 의한 피렌체의 산타 마리아 노벨라 성당의 프레스코 벽화 〈성 삼위일체〉
에서 최초로 실현되었다고 전해진다.

27 철학아카데미, 앞의 책, p. 63.

28 중세에서 르네상스로 넘어가는 시기에 대위법과 화성에 대한 이론을 다룬 중요한 저작이
    다. 팅토리스는 이 책에서 대위법의 규칙과 원칙을 체계적으로 설명하며, 15세기 음악의
    실습과 이론을 기록했다. 특히 그는 이전 시대의 복잡한 대위법 스타일을 정리하고, 당대
    에 새롭게 유행하던 좀 더 균형 잡히고 조화로운 음악적 양식을 강조했다.

29 김혜숙 외, 『예술과 사상』(서울: 이화여자대학교 출판부, 2007), p. 32.

30 이탈리아의 조각가이자 화가다. 〈피에타 Pieta〉(1498-1499), 〈다비드 David〉(1501-1504)
    등의 조각 작품을 통해 인체의 아름다움을 잘 표현했다. 로마 시스티나 성당의 천장화
    〈천지창조 Genesis〉(1508-1512)와 벽화 〈최후의 심판 Last Judgement〉(1534-1541)을 그
    렸다.

31 보통 느린 2박자 춤곡 다음으로 빠른 3박자 춤곡이 이어지는 형태였다.

32 16세기 초 이탈리아에서 발생하여 17세기 중반까지 유행했던 장중하고 위엄 있는 분위기
    의 춤곡을 말한다.

33 16-17세기 프랑스에서 유행한 경쾌한 사교 무용곡 가야르드(gaillarde)의 영국식 표현
    이다.

34 바로크 음악의 특징인 지속 저음, 즉 바소콘티누오(Basso continuo)와 두 대의 선율 악기
    (주로 바이올린)를 위한 3성부 작품을 지칭하는 말로, 실제 연주자는 3성부를 담당하는
    3명과 지속 저음을 담당하는 1명 이상의 연주자를 포함하여 최소 4명 이상이 연주하는
    형태를 말한다.

35 박승화, 『세계무용사』, p. 122.

함께 읽으면 좋은 책

김현철. 『르네상스 음악으로의 초대』. 음악세계, 2007.

다카시나 슈지. 『르네상스 미술: 그 찬란함과 이면』. 이연식 역. 재승출판, 2021.

도현신. 『르네상스의 어둠』. 생각비행, 2016.

마이클 로더. 『협주곡의 역사』. 김난희 역. 음악춘추사, 1997.

박승화. 『세계무용사』. 혜민북스, 2020.

세르반테스. 『돈키호테』(*Don Quixote*, 1605). 박철 역. 시공사, 2007.

셰익스피어. 『템페스트』(*Tempest*, 1611-1612). 이경식 역. 문학동네, 2009.

______. 『로미오와 줄리엣』(*Romeo and Juliet*, 1597). 최종철 역. 민음사, 2008.

스테파노 추피. 『르네상스 미술』. 하지은·최병진 역. 마로니에북스, 2011.

스티븐 다운스. 『음악미학: 음악학적 접근』. 음악세계, 2017.

음악지우사 편집부 편. 『작곡가별 명곡 해설 라이브러리 1-베토벤』. 음악세계, 2012.

이영민. 『르네상스 음악』. 음악세계, 2005.

이주영. 『미학특강』. 미술문화, 2011.

이준형. 『옛 음악 새 연주』. 풍월당, 2024.

5

바로크와
전고전주의

바로크 시대(Baroque, 1600-1750)는 유럽 전역에서 정치적·종교적 격변이 일어났던 시기입니다. 종교개혁의 여파로 프로테스탄트와 가톨릭 사이의 갈등이 심화되었고, 이러한 역사적 상황은 예술에도 영향을 주었습니다. 이와 같은 시대적 배경 안에서의 바로크 예술은 대중과의 소통을 중시했는데요. 이전 시대와는 대비적으로 극적 표현, 화려한 장식, 웅장한 구성 등을 강조하면서 감정적인 것을 음악으로 시현하는 데 중점을 두었습니다.

이렇게 바로크 시대 예술과 이전 시대인 르네상스 시대 예술의 가장 큰 차이점은 감정 표현이라고 할 수 있는데요. 이러한 특징은 이 시대 모든

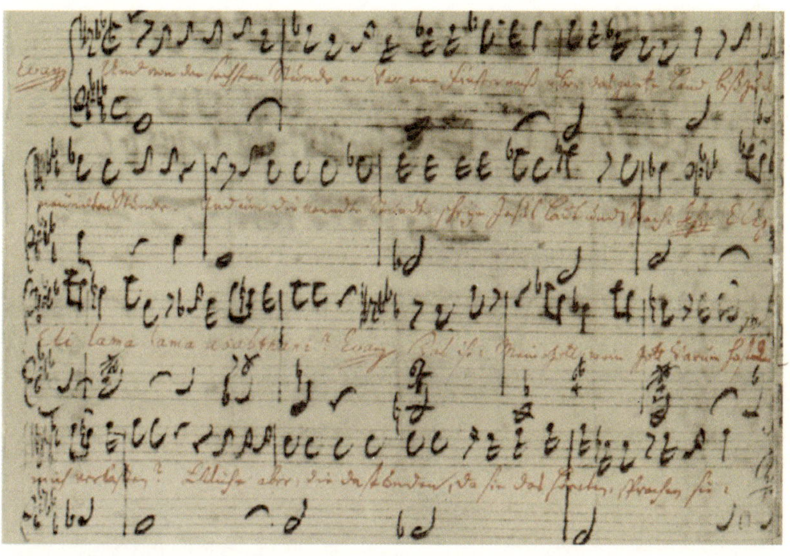

J. S. 바흐, 〈마태 수난곡〉 중 〈자비를 베푸소서, 나의 신이여Erbarme Dich, mein Gott〉 일부

J. S. 바흐, 〈마태 수난곡, BWV 244〉, 1727/1736
https://youtu.be/ZwVW1ttVhuQ?feature=shared

예술 분야에서 나타나지만, 특히 음악은 극적인 효과를 중시했습니다. 즉 음형 이론을 이용해 기쁨, 슬픔, 분노, 사랑, 공포, 놀람 같은 정서를 표현하는 음악이 창작되었는데요. 불협화음(不協和音, dissonance)들을 이용한 표현이나 반음계(chromatic) 사용을 통한 강렬한 감정 표현 등이 이루어졌습니다. 물론 현대 관점은 바로크 시대의 음악이 감정 표현을 중시했다는 인상이 강하지 않을 수 있지만, 이전 시대와 비교해보면 눈에 띄는 변화임을 알 수 있습니다.

르네상스 시대와 바로크 시대 음악의 비교

르네상스	바로크
평면적 음악	수직적 음악(바소콘티누오의 영향)
순정률, 가온음률, 평균율 등 다양한 조율법	평균율로 통합
자연스러움 추구	감정 표현 중시(음형 이론)
세속 음악보다 종교 음악의 비중이 높음	모노디(monody), 콘체르토 양식
아이소 리듬(단조로움)	리듬의 다양화
성악곡이 주류	기악곡의 발달
반음계 사용 제재	반음계를 이용한 감정 표현
선법적 음악	조성·화성적 음악

전고전주의(Pre-classical, 1720-1770) 시대는 바로크와 고전주의 사이의 가교 역할을 했으며, 계몽주의(Les Lumières)[1]에 큰 영향을 받았습니다. 이성·질서·합리성을 강조한 계몽주의 사상은 이 시대의 예술에서도 그 특징이 나타나는데요. 전고전주의 음악은 바로크의 복잡하고 장식적인 양식에서 벗어나 더욱 간결하고 명료한 표현을 추구하게 되었습니다. 이 시대의 작곡가들은 감정 표현을 절제하는 대신 음악의 구조적 완성도를 중

바로크 시대 음악의 음형 이론

격양 양식(stile concitato)

격렬하고 흥분된 상태를 표현하는 음악적 양식으로, 바로크 시대 음악에서 이 양식은 전투, 분노, 고통과 같은 격정적인 감정을 표현하기 위해 사용되었습니다. 표현 방식은 트레몰로 사용, 빠른 리듬과 강약의 변화가 갑작스러운 셈여림 등을 이용했으며, 여기서 얻어지는 긴장감과 극적인 효과로 감정을 표현했습니다.

차분한 양식(stile temperato)

절제된 감정, 균형 잡힌 상태를 표현하는 양식으로 고요함, 명상, 균형과 같은 감정을 음악으로 표현할 때 사용되었습니다. 바로크 시대의 교회 음악이나 목가적 작품에서 이 양식이 자주 등장합니다.

부드러운 양식(stile molle)

온화하고 애정 어린 감정을 표현하는 음악 양식으로 사랑, 슬픔, 행복감 등을 나타내는 데 사용되었습니다. 느린 템포와 부드러운 선율이 특징이며, 부드럽고 따뜻한 느낌을 주는 화성을 사용하여 표현합니다.

이 세 가지 양식은 바로크 시대의 음악가들이 특정한 감정을 표현하기 위해 사용한 주요 도구들인데요. 음형 이론은 이러한 감정을 표현하는 방식을 체계화한 이론으로, 음악이 인간의 감정을 구체적으로 자극하고 전달할 수 있다는 것을 보여주었습니다. 바로크 시대의 작곡가들은 이 이론을 바탕으로 청중의 감정을 깊이 있게 움직이는 음악을 작곡했습니다. 바로크 시대 음형 이론에는 이 밖에도 장엄한 양식(stile maestoso), 애가적 양식(stile lamentoso), 극적인 양식(stile drammatico) 등이 있습니다.

시했는데요. 이러한 변화는 고전주의 음악으로 이어지는 중요한 흐름을 형성했습니다.

또한 예술가들이 주로 귀족이나 교회의 후원을 받았던 바로크 시대와 다르게 전고전주의 시대에는 음악가들이 점차 독립적으로 활동하기 시작했는데요. 그 때문에 활동하는 데 있어서 대중의 인기가 중요해졌고, 그 결과 대중을 위한 음악들이 다수 등장합니다. 이러한 흐름은 음악의 형식과 내용의 변화를 가져왔는데요. 이 시대는 심각한 내용의 오페라보다 오페라 부파(opera buffa)와 같은 희극적 성격의 오페라가 인기를 얻게 되었고, 이로써 이 시대 작곡가들은 좀 더 가볍고 대중적인 주제를 다룬 오페라를 창작하게 되었습니다. 또한 전고전주의 시대에는 공연장이 등장하여 음악이 더 이상 귀족과 왕실의 전유물이 아닌 일반 대중을 위한 예술로 발전할 수 있는 계기를 마련했는데요. 이로 인해 음악가들은 대중의 취향을 고려한 작품을 창작하게 되었는데, 이는 전고전주의 음악의 중요한 특징 중 하나입니다.

이제 본격적으로 바로크 시대의 음악이 다른 예술 분야와 어떤 관계를 보이는지 살펴볼게요.

바로크 시대의 건축·문학·미술·무용과 음악

건축	장식적인 건축물과 음악에서의 꾸밈음 사용의 연관성	
문학	**음악에 영향을 준 문학적 영감**	**문학적 영향을 받아 탄생한 음악 작품**
	질풍노도 문학 운동(sturm und drang)[*]	감정과다 양식(empfindsamer stil)[**]에 포함된 작품들
미술	장식적이고 과장된 표현	
무용	모음 춤곡에서 발전한 기악 모음곡	

5.1 건축: 장식적 건축

포르투갈어 'perolas barrocas(불규칙형의 진주)'라는 말에서 유래된 바로
크 시대는 원래 르네상스 시대 예술을 옹호했던 비평가들이 바로크 예술

일 제수 교회

이탈리아 로마 라치오주에 있는 로마 최초의 예수회 성당 본부로 1584년에 건축되었다. 일 제수 교회의 정식
명칭은 '예수의 신성한 이름 교회'다. 건물 출입구로 이용되는 정면 외곽 부분의 바로크 양식의 파사드(façade)가
특징이다.

바로크 시대 음악의 특징을 보여주는 악보

에 대한 비난을 목적으로 사용했던 용어입니다. 이 시대의 건축물은 고대 시대의 건축 요소를 담고 있기는 하지만, 이전 시대와 비교했을 때 새롭고 독창적인 인상을 주는 것이 특징입니다. 바로크 시대 건축의 뚜렷한 특징 중 하나는 장식적이라는 면을 들 수 있는데요. 음악에서도 이와 유사하게 꾸밈음 사용 등을 통해 단조로움에서 벗어나 다양한 감정 표현이 시도됩니다.

로마의 일 제수 교회(charch of Il Gesu)는 초기 바로크 교회를 대표하는 건축물입니다. 이 시대의 특징인 장식적인 면이 돋보이는 건축물인데요. 바로크 시대 음악에서는 악보에서 볼 수 있듯이 건축물에서 보이는 장식적인 표현을 꾸밈음 또는 빠른 리듬의 음표로 표현하고 있음을 확인할 수 있습니다.

바로크 건축과 음악의 연관성을 보여주는 다른 작품들을 정리하면 다음과 같습니다.

바로크 시대 건축과 음악의 연관성

건축가	건축 작품	작곡가	음악 작품	연관성
베르니니 (Gian Lorenzo Bernini, 1598–1680)	〈성 베드로 대성당의 발다키노 St. Peter's Baldacchino〉 (1623–1634)	몬테베르디 (Claudio Monteverdi, 1567–1643)*	〈오르페오 L'Orfeo〉 (1607)	베르니니의 발다키노는 웅장함과 화려함을 강조하며, 몬테베르디의 오페라 〈오르페오〉는 바로크 음악의 극적인 표현과 감정의 깊이를 보여준다. 두 작품 모두 바로크의 역동성과 장엄함을 반영하고 있다.
보로미니 (Franscesco Borromini, 1599–1667)	〈산 카를로 알레 콰트로 폰타네 교회 San Carlo alle Quattro Fontane〉 (1638–1646)	J. S. 바흐	〈토카타와 푸가 D단조 Toccata and Fugue in D minor, BWV 565〉 (1704)	보로미니의 교회 건축물은 복잡한 곡선과 대담한 공간 활용이 특징이다. 바흐의 음악은 복잡한 구조와 대위법을 통해 바로크 건축의 화려함과 역동성을 반영한다.

* 르네상스 후기와 바로크 초기에 활약했던 음악가로서 당대뿐만 아니라 유럽 음악사 전체에서도 중요한 위치를 차지하는 인물이다. 당대의 가장 진취적인 작곡가 중 한 명으로 평가받고 있으며 바로크 음악, 특히 오페라의 개척자로 유명하다.

성 베드로 대성당의 발다키노와 산 카를로 알레 콰트로 폰타네 교회

위의 표에서 알 수 있듯이 바로크 시대 건축과 음악은 장엄함, 웅장함, 복잡한 구조, 극적인 표현을 중시하며 서로 영향을 주고받았습니다. 이러한 요소들을 담고 있는 바로크 시대의 작품들은 건축과 음악이 어떻게 시대적 미학을 공유했는지를 보여줍니다.

이와 대비된 성격으로 나타나게 되는 형식이 전고전주의[2]의 로코코 양식(rococo style)[3]인데요. 전고전주의 시대에는 질풍노도 양식, 감정과다(多感樣式) 양식과 같은 자유롭게 감정을 표출하는 형식도 나타나지만, 초기에는 바로크 시대의 과장된 장식보다 자연미와 간결하고 우아함을 추구하는 형태로 예술 작품이 창작되는데요. 이러한 전고전주의 시대의 음악적 특징은 이후 고전주의 시대로 이어집니다. 음악에서도 이러한 특성이 반영되어 전고전주의 시대의 음악 또한 바로크 음악의 장식성을 버리고 더욱 경쾌하고 부드러우며 단순한 형태를 취하게 됩니다. 이러한 전고전주의 시대의 음악적 특징은 이후 고전주의 시대로 이어집니다.

5.2 문학: 질풍노도 문학 운동과 감정과다 양식

바로크 문학(Baroque literature, 16-17세기)[4]은 미술사에서 도입한 개념을 문학에 적용한 것으로, 고전적 조화와 균형에서 벗어나 좀 더 감정적이고 드라마틱한 표현을 중시했습니다.

문학에서 '바로크'라는 개념의 사용은 독일 출생의 스위스 문학사가 슈트리히(Fritz Strich, 1882-1963)가 자신의 저서를 통해 미술사에서 뵐플린(Heinrich Wölfflin, 1864-1945)[5]이 규정한 개념을 이용한 것에서 비롯되었습니다. 17세기 프랑스를 중심으로 발전한 바로크 문학은 고전적인 조화와 균형을 추구함과 동시에 불균형적인 면까지 모두 중시되었는데요. 음악에서 바로크 시대의 대표 작곡가인 J. S. 바흐의 작품에서 나타나는 협화음과 불협화음은 문학에서 찾을 수 있는 이러한 양면성과 동일한 면을 보여주는 대표적인 예술적 표현이라고 할 수 있습니다.[6]

이후 고전주의 문학(Classical literature, 17-18세기) 작가들은 작품을 쓸 때 지켜야 할 규칙들을 제정했는데요. 그 결과 고전주의 문학은 기본적인 형식과 틀을 중시하게 되었습니다.

이러한 고전주의 문학의 움직임은 특히 프랑스에서 강조되는데요. 코르네유(Pierre Corneille, 1606-1684),[7] 라신(Jean Baptiste Racine, 1639-1699), 몰리에르(Molière, 1622-1673)[8]는 이 시대 프랑스를 대표하는 극작가입니다.

앞서 설명한 바와 같이 음악사에서 전고전주의 시대로 분류되는 1720-1760년 사이에는 여러 예술적 양식이 공존했는데요. 프랑스의 갈랑 양식(1720-1770),[9] 로코코 양식(1730-1760),[10] 북독일의 감정과다 양식(1740-1780),[11] 그리고 질풍노도 양식(1760-1780)으로 나뉩니다. 북부 독일의 작곡가인 C. P. E. 바흐(Carl Philipp Emanuel Bach, 1714-1788), 크반츠(Johann Joachim Quantz, 1697-1773) 등을 중심으로 감정과다 양식이 나타나게 되며, 이는 이후 질풍노도 양식에 흡수됩니다. 괴테의 『젊은 베르테르의 슬픔*Die Leiden des jungen Werthers*』(1774)은 질풍노도의 특징이 드러난 작품임과 동시에 낭만주의 기운을 절정에 이르게 한 작품인데요. 질풍노도 문학 운동은 무미건조한 합리주의에 저항하는 젊은이들의 운동으로서 후에 독일 낭만주의 운동으로 지속되며,[12] 이후 19세기의 극적인 요소를 강조한 오페라에도 영향을 주게 됩니다.

전고전주의 시대의 이러한 양식들은 이 시대의 예술적 다양성을 보여주는데요. 이 네 가지 양식은 각기 다른 예술 형태에서 나타났지만, 공통적으로 당시 사회의 가치관과 감정 표현의 변화를 반영하고 있습니다. 이 시대의 예술 분야들은 이러한 예술적 흐름을 공유하며, 시대의 사상과 감성을 표현하는 중요한 매체로 작용했습니다.

고전주의 음악은 후대의 역사가들에 의해 분류되었지만, 문학에서의 고전주의 대표 작가인 코르네유, 라신, 몰리에르의 활동 연도를 통해 알 수 있듯이, 문학의 고전주의가 음악의 고전주의보다 한 세기 정도 앞서 나타났음을 확인할 수 있습니다. 이러한 사실을 통해 형식과 틀을 중시했던 고전주의 문학이 직간접적으로 고전주의 음악에 영향을 주었다는 것을 유추해볼 수 있는데요. 이렇게 고전주의 문학가들과 고전주의 음악가들이 활동한 시기의 시대 차에도 불구하고 문학과 음악에서 '고전주의'라는 같은 명칭으로 시대를 분류하고 있는 배경은 앞서 설명한 바와 같이 예술을 표현하는 방식에서의 유사성으로 인한 것이라고 볼 수 있습니다.

음악사 시대 구분상 바로크 시대에 속하는 고전주의 문학에서의 특징은 음악에서 감정보다는 이성을 중시하고 조화를 추구하며 고대 그리스와 로마의 예술적 특성을 계승했던 고전주의 음악의 특징과 상당히 유사한 면을 갖고 있는데요. 이러한 사실을 통해 1600년대 고전주의 문학이 1700년대 고전주의 음악에 적지 않은 영향을 주었음을 짐작할 수 있습니다.

바로크 문학과 음악의 연관성은 이 시대에 시작되었던 살롱 문학에서도 찾아볼 수 있는데요. 살롱 문학과 살롱 음악은 17세기부터 19세기 유럽의 상류층 문화에서 나타났습니다. 살롱은 귀족과 지식인들이 모여 문학·철학·예술 등에 대해 논하는 사교적 공간이었는데요. 이렇게 살롱 문화는 새로운 예술적 표현의 장을 제공했으며, 문학과 음악은 그 안에서 서로 영감을 주고받았습니다.

살롱 문화가 활성화된 시기는 낭만주의 시대이지만, 그 시작은 이와 같이 바로크 시대였는데요. 살롱은 다양한 사상가와 문인들이 아이디어를 교환하고 작품을 발표하는 자리였으며, 그 안에서 음악가는 중요한 위치를 차지했습니다. 대표적으로 쇼팽, 리스트와 같은 저명한 음악가들이 살롱에서 자주 연주했고, 그들의 음악은 당시 문화적·철학적 담론과 어우러져 살롱 구성원들이 예술적 아이디어를 주고받는 데 중요한 역할을 했으며, 살롱은 음악가들이 음악 외적 영감을 얻어 새로운 작품을 창작하는 공간이 되었습니다. 또한 살롱 문화는 여성 예술가들에게 많은 기회를 제공했는데요. 살롱은 남성 예술가에 비해 집중받지 못했던 많은 여성 작가와 작곡가들이 문화적 주도권을 행사했던 공간이기도 했습니다.

바로크 시대의 문학과 음악의 연관성은 오페라를 통해서도 확인할 수 있는데요. 바로크 시대는 오페라가 정립되었던 시대로 문학·음악·무대 예술이 결합된 종합예술 형식으로 발전했고, 이는 문학적 상상력과 음악적 표현이 긴밀하게 연결된 대표적인 예입니다.

이와 같이 문학과 음악은 사조의 구분에서 문학이 한 세기 정도 앞서 있기 때문에 정리가 필요한데요. 14세기 후반에 시작된 르네상스부터 20세기까지 문학과 음악의 사조들과 그들의 활동 시기, 그리고 특징들을 정리하면 다음과 같습니다.

문학과 음악의 예술 사조 흐름

문학 사조	시기	음악 사조	시기	대표 음악 양식	특징
르네상스	14세기 후반-16세기	르네상스	15-16세기	마드리갈, 모테트	인간 중심의 사고, 고대 문명의 부활
바로크	16세기 말-17세기	바로크	1600-1750	오페라, 칸타타(cantata),[*] 푸가(fuga)[**]	감정적이고 극적인 표현, 대조와 장식성 강조
고전주의	17-18세기	전고전주의, 고전주의	1730-1820	소나타 양식의 발전, 교향곡, 현악 4중주	균형과 조화 추구, 이성과 형식 강조
낭만주의	18세기 말-19세기	낭만주의	1810-1910	교향시, 예술가곡(kunstlied), 프로그램 음악	감정과 개성 강조, 상상력 중시
상징주의 모더니즘	19세기 후반-20세기	모더니즘	1890-1975	12음 음악 (twelvetone music),[***] 인상주의 음악	전통적 형식에서 탈피, 혁신적 움직임

[*] 칸타타는 이탈리아어 '노래하다(cantare)'에서 유래한 장르로 바로크 초기에는 단선율 독창 양식인 모노디 아리아를 지칭했다. 17세기 중엽에 이르러 칸타타는 다악장 형태의 성악곡이 되었으며, 오페라나 종교적 내용을 담고 있는 오라토리오와 함께 바로크 시대의 중요한 성악 장르가 되었다.

[**] 대위법적 모방의 한 기법으로, 하나의 선율을 한 성부가 연주한 뒤, 이를 따라 다른 성부가 주제선율을 모방하는 형식을 말한다.

[***] 쇤베르크가 창시한 12음 기법을 바탕으로 하여 만든 음악으로 무조음악이 체계화된 형태다. 무조음악은 후기낭만주의 음악에서 반음계가 증대함에 따라 종래의 화성법으로는 조성을 유지할 의미가 점차 줄어든 결과로 나타나게 된 것이라 할 수 있다.

예술 사조들의 흐름을 통해 알 수 있듯이 문학은 예술 경향의 흐름을 주도해왔음을 알 수 있는데요. 그렇기 때문에 많은 작곡가는 문학의 영향을 받았고, 문학 작품에서 영감을 얻었습니다.

이렇게 문학과 음악은 인류 문화의 두 축으로, 서로 밀접한 연관성을 가지며 발전해왔습니다. 흥미로운 점은 역사적으로 예술 사조의 변화가 문학이 음악보다 항상 먼저 등장했다는 사실인데요. 이를 통해 문학이 새로운 표현 방식과 이념을 음악에 소개해주었음을 알 수 있습니다.

5.3 미술: 장식적 작품

르네상스 시대를 이은 바로크 시대는 이전 시대에 비해 장식적이고 과장된 표현이 특징이며, 이는 이 시대에 속하는 건축·미술·음악에서 공통으로 드러나는 양식적 요소입니다. 바로크 시대의 회화, 조각 그리고 건축은 동적이며 화려했고, 색채가 풍부하며, 열정적 표현이 특징인데요.

〈다비드 상*David*〉은 르네상스 시대와 바로크 시대의 상반된 특징을 확인할 수 있는 대표적인 작품입니다. 르네상스 시대의 대표적인 작가인

미켈란젤로의 〈다비드〉(1501-1504)

베르니니의 〈다비드〉(1620년경)

시대의 대조적인 특징이 반영된 다비드상

미켈란젤로는 인간 신체의 고상함과 아름다움을 균형과 비례를 통해 나타내려 했으며, 같은 주제이지만 바로크 작가인 베르니니는 투석기를 감아 돌을 던지는 역동적인 다비드를 보여주고 있습니다. 그는 다비드의 몸동작을 생동감 있게 묘사했으며, 근육, 입술과 표정에서는 미켈란젤로의 작품과 상반되게 긴장감이 느껴지는데요. 같은 주제로 상이한 표현을 하고 있는 두 작품을 통해 르네상스 시대의 미술과 바로크 시대의 미술의 차이점을 뚜렷이 확인할 수 있습니다.

미술에서 보이는 바로크적 특징들은 이 시대의 음악에서도 유사하게 나타납니다. 바로크 시대의 작곡가들은 슬픔, 기쁨, 분노, 사랑, 공포, 흥분, 놀람과 같은 인간의 정서적인 감정을 표현하거나 그러한 감정을 발생시키는 음악을 추구했습니다. 또한 건축에서 나타난 특징과 마찬가지로 장식적인 면을 중시했으며, 그로 인해 음악에서는 감정 표현을 위한 장식음이 발전하게 되었죠.

바로크 시대의 음악에서는 극적인 효과에 관한 관심이 고조되면서 정서적인 표현성, 선율선과 베이스 사이의 양극성, 수직적 화성, 반음계적 진행 등이 나타납니다. 또한 이 시대는 건축과 미술이 음악과 조화를 이루는 오페라가 구체화된 시기이기도 합니다.

바로크 시대의 과도한 장식적 표현은 이후 간결함을 추구하는 전고전주의 시대로 이어지게 되며, 이는 고전주의 예술의 밑거름이 됩니다. 이러한 바로크 미술과 음악의 연관성을 찾을 수 있는 작품들을 정리하면 다음과 같습니다.

바로크 시대 미술과 음악의 연관성

미술가	미술 작품	작곡가	음악 작품	연관성
카라바조 (Michelangelo Merisi da Caravaggio, 1573~1610)	〈성 마태의 소명 The Calling of Saint Matthew〉 (1599~1600)	몬테 베르디	〈성모 마리아를 위한 저녁 기도 Vespro della Beata Vergine〉 (1610)	카라바조의 작품은 강렬한 명암 대비와 극적인 표현을 특징으로 하며, 몬테베르디의 음악은 종교적 열정과 드라마틱한 표현을 통해 바로크의 극적 요소를 공유했다.
루벤스 (Peter Paul Rubens, 1577~1640)	〈십자가에서 내림 Descent from the Cross〉 (1611~1614)	J. S. 바흐	〈마태 수난곡〉	루벤스의 작품은 신체의 역동성과 감정을 강조했으며, 바흐의 〈마태 수난곡〉은 종교적 주제와 감정의 깊이를 음악으로 표현했는데, 두 작품 모두 바로크의 감정적 표현을 극대화했다.
푸생 (Nicolas Poussin, 1594~1665)	〈아르카디아의 목자들 The Arcadian Shepherds〉 (1637~1638)	체스티 (Marc' Antonio Cesti, 1623~1669)*	〈오론테아 L'Orontea〉 (1656)	푸생의 작품은 고전적 주제와 조화를 강조하며, 체스티의 오페라는 바로크의 화려한 무대와 음악적 구성으로 고전적 주제를 극적으로 표현하는 바로크의 특성을 반영했다.

* 이탈리아 바로크 시대의 작곡가이자 카스트라토 가수로, 오페라 작곡가로서 매우 큰 명성을 얻었다. 특히 17세기 중반 이탈리아 오페라 발전에 중요한 역할을 했으며, 로마와 비엔나에서 활동했다.

카라바조, 〈성 마태의 소명〉
(1599~1600)

푸생, 〈아르카디아의 목자들〉
(1637~1638)

5.4 무용: 모음 춤곡에서 발전한 기악 모음곡

중세 시대의 에스탕피, 그리고 르네상스 시대의 묶음 춤곡을 설명해 드리면서 모음곡에 대해 잠시 소개해 드렸는데요. 음악에서의 모음곡은 앞서 설명한 바와 같이 춤곡에서 시작되었습니다.

모음곡은 초기에는 알라망드-쿠랑트-사라방드 세 곡에 의해 3악장으로 구성되었는데요. 여기에 지그를 도입하여 쿠랑트의 전후에 위치시킴으로써 'A-C-G-S'형을 이루게 됩니다. 이후 17세기 중반 프로베르거(Johann Jakob Froberger, 1616-1667)에 의해 'A-C-S-G'로 나타나며, 이것이 바로크 모음곡 악장 구성의 표준이 됩니다.

바로크 시대 모음곡의 기본 악장

악장 이름	알라망드 (Allemande)*	쿠랑트 (Courante)**	사라방드 (Sarabande)***	지그 (Gigue)****
발생 국가	독일	프랑스	스페인	영국

* 기본 악장 중 맨 앞에 위치하는 악장으로 전주적인 성격의 악장(Prelude) 다음에 놓으며, 1550년경에 발생한 2박자계의 느린 무곡을 말한다.

** 경쾌한 분위기의 춤곡으로 16세기에 발생하여 17세기 중엽에 모음곡의 하나가 되었으며, 3박자로 빠른 음형을 가지는 이탈리아풍 코렌테(Corrente)와 더욱 세련되고 보통 빠르기가 특징인 프랑스풍 쿠랑트의 두 종류가 있다.

*** 16세기 중반에 스페인을 통해 프랑스와 이탈리아에 소개됐다고 보는 견해가 지배적이다. 기본 무곡 중 가장 느리고 완만하며 우아한 성격을 지닌 것이 특징이다. 슬픈 느낌을 표현하기도 했는데, 이러한 차분한 분위기는 고전 시대 소나타의 2악장 같은 모습을 암시한다고 볼 수 있다.

**** 경쾌한 느낌의 춤곡으로 16세기 영국의 지그(Gig)라 불리던 전원풍의 춤곡에서 유래된 것으로 16세기 후반 소형 하프시코드(harpsichord)의 대표 악기인 버지널(virginal)과 류트(lute) 작품에서 나타난 유형이 지그의 모체가 되었다.

바로크 모음곡의 형식은 J. S. 바흐에 의해 완성되는데요. 춤곡이 아닌 유일한 악장 프렐류드 뒤를 이은 악장의 구성은 A-C-S-G를 기본으로 하여 사라방드의 앞이나 뒤에 부레(bourree),[13] 가보트, 미뉴에트와 같은 선택적 춤곡을 한 곡 또는 그 이상 삽입하는 것이 일반적인 형태입니다.

선택적 악곡 중 미뉴에트는 보통 혹은 느린 3박자의 프랑스 춤곡으로 17세기 중반에서 18세기 후반까지 가장 널리 상용된 형식인데요. 프랑스 무용의 스텝(step) 폭이 작다는 의미인 '메뉴(menu)'에서 유래된 말로, 1660년경 루이 14세 궁중 무용에서 나타났으며, 이전의 쿠랑트나 파반느를 대체하여 전 유럽에 급속히 전파되었습니다. 이와 같은 특징과 역사성을 보이는 모음곡은 무용과 음악의 밀접한 관계를 보여주는 것으로, 이후 기악음악의 독립적 발전에도 큰 영향을 주었습니다.

또한 바로크 시대 무용에서 빼놓을 수 없는 인물이 있죠. 1643년에서 1715년까지 프랑스 역사상 가장 오랜 기간 동안 왕으로 재위했던 루이 14세(Louis XIV, 1638-1715)입니다. 발레(ballet)라는 장르의 시작은 헨리 3세(Henry III, 1551-1589)의 〈발레 코미크ballet comique de la reine〉[14]라는 작품으로 알려져 있는데요. 1581년에 열린 이 공연은 발레 역사에서 매우 중요한 사건으로 음악, 무용, 무대 예술 등이 결합된 복합 예술 형식으로 구성되었습니다. 이 공연은 현대 발레의 기초를 마련한 중요한 사건으로 평가되는데요. 헨리 3세 이후 루이 14세에 의해 발레는 한층 더 발전하게 됩니다. 1661년 루이 14세는 피에르 보샹(Pierre Beauchamp, 1631-1705)에게 모든 동작의 패턴을 설명하는 발레의 규정을 확립할 것을 부탁하는데요. 이는 수 세기 동안 발전한 발레 기법의 기본 원리를 정리하는 계기가 되며, 이후 발레 발전에 큰 영향을 주었습니다.

발레의 발전은 음악에도 영향을 주었는데요. 바로크 시대 프랑스 무용가이자 음악가인 륄리(Jean-Baptiste Lully, 1632-1687)는 1661년 루이 14세

때 왕실 음악감독으로 활동했던 인물입니다. 륄리는 1681년 루이 14세의 비서로도 활동하는데요. 이렇게 그는 17세기 유럽에서 음악가로는 찾아보기 힘든 고위 관직을 역임합니다. 륄리는 서정 비극(tragedie lyrique)[15]을 포함한 오페라와 몰리에르와의 공동 작업으로 연극과 발레가 결합된 코미디 발레(comedy ballet) 음악을 창작했는데요. 대표 작품으로는 〈프랑스인의 우울증Le Malade Imaginaire〉(1673)이 있습니다.

 륄리는 화려했던 생애와 상반된 죽음을 맞이하는데요. 당시는 오케스트라 지휘를 할 때 현재 사용되는 지휘봉이 아닌 기둥 모양의 지휘장으로 바닥을 두드렸습니다. 그런데 어느 날 륄리가 지휘장을 이용해서 지휘하다가 자신의 발을 찧는 사고가 발생하게 되었고, 이 사고로 인한 상처가 악화되어 륄리는 괴저 합병증으로 생을 마감하게 됩니다. 베르사유에 여러 채의 집과 80리브르(livre)[16]가 넘는 옷이 륄리의 유산이었다고 하는데요. 이를 통해 이 시대 그의 권력이 얼마나 막강했는지 짐작할 수 있습니다. 륄리 사후 유산은 그의 유언에 따라 수녀회에 기증되었다고 전해집니다.

 바로크 시대의 무용은 이렇게 음악 형식의 발전을 비롯해 여러 방향으로 음악에 영향을 주었는데요. 연관성이 보이는 작품들을 정리하면 다음과 같습니다.

안무가	안무 작품	작곡가	음악 작품	연관성
피에르 보샹	〈미뉴에트 Minuet〉 (1660년대)	륄리	〈아르미드 Armide〉 (1686)	보샹은 바로크 궁정 무용의 형식을 정립했으며, 륄리의 음악은 미뉴에트 같은 무용에 맞춰 작곡되어 궁정에서 춤과 함께 연주되었으며, 두 예술 형식이 함께 발전했다.[*]
라울 오주에 (Raoul Auger Feuillet, 1653-1709)[**]	〈모음곡 무용 Suite Dance〉 (1700년대 초)	J. S. 바흐	〈프랑스 모음곡 French Suites, BWV 812-817〉 (1722-1725)	오주에의 모음곡 무용은 다양한 춤곡을 포함하며, 바흐의 〈프랑스 모음곡〉은 이러한 춤곡들을 음악으로 구성하여 무용과 음악이 함께 연주되며 바로크 예술의 통합성을 강조했다.

[*] 보샹은 루이 14세의 궁정에서 무용을 담당했으며, 륄리는 음악을 담당했다. 보샹은 륄리와 긴밀히 협력하여 여러 궁정 발레 작품의 안무를 맡았다. 륄리의 오페라 작품들, 특히 〈아르미드〉와 같은작품에서 무용은 매우 중요한 역할을 했기 때문에 보샹의 안무와 륄리의 음악은 당시 무대 예술에서 상호 보완적인 작용을 했다.

[**] 프랑스 바로크 시대의 중요한 무용가이자 안무가로, 특히 무용 기보법을 개발한 것으로 유명하다. 바로크 궁정 무용을 기록하고 체계화하여 후대에 전수할 수 있도록 한 인물로, 무용을 과학적이고 예술적으로 정리한 기념비적인 인물이다. 그가 이루어낸 무용사적 업적들은 특히 루이 14세 시기의 프랑스 궁정 문화와 밀접한 관련이 있다.

모음곡은 여러 나라의 춤곡을 묶어 구성된, 바로크 시대의 대표적인 기악 형식입니다. 바로크 시대 모음곡의 발전은 무용과 음악이 어떻게 상호작용하며 발전했는지를 보여주는 좋은 예입니다. 또한 바로크 시대에는 무용을 위한 음악이 점점 더 중요해졌는데요. 작곡가들은 무용의 리듬과 분위기를 반영한 음악을 작곡했습니다. 루이 쿠프랭(Louis Couperin, 1620-1661)의 하프시코드 모음곡은 당시의 음악과 무용의 밀접한 관련을 보여주는 대표 작품입니다.

루이 쿠프랭

루이 쿠프랭, 〈하프시코드 모음곡〉, c. 1650-1660
https://youtu.be/K6EU89Ua2lk?feature=shared

바로크 시대 프랑스에서 발달한 오페라 발레(opera-ballet)는 오페라와 발레가 결합한 독특한 형태인데요. 라모(Jean-Pilippe Rameau, 1683-1764)는 이 장르의 대표적인 작곡가로 그의 작품들은 무용과 음악이 어떻게 상호작용하며 극적 효과를 강화할 수 있는지 보여줍니다. 그의 오페라 발레 대표작으로는 〈우아한 인도의 나라들Les Indes galantes〉(1735)이 있습니다.

바로크 시대의 무용과 음악은 이렇게 모음곡의 발전, 궁정에서의 발레와 발레 음악, 그리고 발레와 오페라의 결합 등 다채로운 모습으로 깊은 연관성을 보여줍니다.

1   17세기 후반에 시작되어 18세기 프랑스를 기점으로 유럽 전역에 유행했던 문화적 · 철학적 · 문학적 사조로, 이성의 힘과 인류의 무한한 진보를 믿으며 현존질서를 타파하고 사회를 개혁하려는 데 목적을 두었다.

2   대표 음악 양식은 프랑스의 로코코 양식, 갈랑 양식(style galant), 질풍노도 양식, 그리고 북독일의 감정과다 양식이 있다.

3   바로크 양식의 연장선으로, 좀 더 가볍고 우아한 스타일을 추구했으며, 화려하고 섬세하며 장식적인 것이 특징이다.

4   격정적이고 역동적이며 반고전적 색채를 띤 문학의 경향을 말한다.

5   스위스 태생의 미술사가로, 대표 저서로는 『미술사의 기초개념 *Principle of Art History*』(1915) 등이 있다.

6   김승옥, 『서양문학의 흐름』, p. 159.

7   프랑스의 극작가 · 시인으로 프랑스 고전 비극의 아버지로 불린다. 1635년 최초의 비극 『메데 *Medee*』를 발표하고 다음 해에 『르 시드 *Le Cid*』(1636)를 발표한다. 몰리에르, 라신과 함께 17세기 프랑스 3대 극작가 중 한 명으로 여겨지며, 프랑스 고전 비극의 완성자로 평가된다.

8   프랑스의 작가로 본명은 장 바티스트 포클랭(Jean-Baptiste Poquelin)이며, 프랑스 고전 희극의 완성자로 대표 작품으로는 희곡 『돈 주 앙 *Don Juan*』(1665) 등이 있다.

9   바로크 음악의 복잡성에서 벗어난 양식으로, 로코코 양식의 음악적 표현이라 할 수 있다.

10   세밀하고 섬세한 감정 표현과 내면의 감정을 중시하며 불규칙한 리듬이 특징이다. 갈랑 양식의 단순함과 우아함을 바탕으로 개인적인 감성 표현을 추구했다.

11   강렬하고 극적인 감정 표현, 불협화음과 조바꿈, 극단적인 셈여림의 변화가 특징이다.

12   김승옥, 『서양문학의 흐름』, p. 185.

13   17세기 중반에서 18세기 중반까지 사용되던 프랑스 춤곡 또는 기악 형식으로 오베르뉴(Auvergne) 지방에서 시작됐으며, 그 발전 과정에서 이탈리아와 스페인의 영향을 받았다고 전해진다. 보통 빠르기의 2박자 계통으로 가보트와 유사한 성격을 가진다. J. S. 바흐의 모음곡에 나타나며 비교적 단순한 리듬이 특징이다.

14   프랑스 파리의 헨리 3세 궁정에서 상영된 최초의 발레 작품으로, 약 한 달에 걸친 왕가의 결혼식 축하연으로 준비된 작품이다.

15   륄리가 프랑스어가 이탈리아 스타일의 오페라에 맞지 않음을 깨닫고 창안했다.

16   리브르는 프랑스에서 과거에 사용했던 무게 단위로, 1리브르는 약 489.5g이다. 따라서 80리브르는 약 39.16kg인데, 이는 17세기를 기준으로 보았을 때 상당한 양의 옷이다.

함께 읽으면 좋은 책

김혜선. 『바로크 음악』. 도서출판 다리, 2000.

나주리. 『바흐는 바흐다』. 모노폴리, 2022.

니콜라우스 아르농쿠르. 『바로크음악은 '말'한다』. 강해근 역. 음악세계, 2006.

다니엘라 타라브라. 『바로크와 로코코: 극적인 역동성과 우아한 세련미』. 노윤희 역.
    마로니에북스, 2010.

민은기. 『바로크 음악의 역사적 해석』. 음악세계, 2006.

민은기·박을미·오이돈·이남재. 『서양 음악사 1, 2』. 음악세계, 2014.

뵐플린. 『미술사의 기초개념』(*Principle of Art History*, 1915). 박지형 역. 시공사, 1994.

신정아. 『바로크』. 살림, 2004.

임영방. 『바로크: 17세기 미술을 중심으로』. 한길아트, 2011.

제르맹 바쟁. 『바로크와 로코코』. 김미정 역. 시공사, 1998.

최경철. 『유럽의 시간을 걷다』. 웨일북, 2016.

클라이브 웅거 해밀턴. 『클래식, 바로크시대와의 만남』. 김형수 역. PHONO, 2012.

토마스 R. 호프만. 『바로크, 어떻게 이해할까?』. 이주영 역. 미술문화, 2007.

6

고전주의

고전주의 시대(Classicism, 1750-1820)는 예술과 문화에서 조화·균형·명료함을 중시했던 시기인데요. 바로크 시대의 과도하고 장식적인 스타일에 대한 반작용으로 나타났습니다. 이 시대는 고대 그리스와 로마의 미적 이상을 부활시키려는 움직임이 강했으며, 특히 예술 분야에서는 형식적 엄격함과 조화를 추구하는 경향을 보이는데요. 이 시기에는 음악·미술·문학 등에서 고전주의의 명료한 구조, 대칭적 형식, 절제된 표현이 강조되었습니다.

르네상스 시대에는 그리스와 로마를 고전 시대(Classical era)라고 불렀는데요. 클래식이라는 용어는 원래 라틴어 classicus에서 유래되었습니다. classicus는 고대 로마 시대에 존재했던 6개의 시민 계급 중 최상위 계급을 뜻하는 말로, '분류하다'라는 뜻을 가지는 classify의 어원이 됩니다. 한편, classic은 본래 '고전적' 또는 '권위 있는'이라는 뜻으로 그 의미가 확장되었는데요. 이러한 맥락에서 클래식이 서양 음악을 일반적으로 지칭하는 용어로 사용되었다는 것은 서양 음악이 지닌 높은 위상과 전통을 보여준다고 할 수 있습니다.

고전주의 시대의 건축·문학·미술·무용과 음악

건축	바로크 시대와 대조적으로 장식적인 것에 얽매이지 않고 본질적인 것에 집중
	고대 그리스·로마 시대로의 회귀와 본질적인 요소에 집중된 양상을 보이는 고전주의 시대 건축과 음악의 연관성

문학		음악에 영향을 준 문학적 영감	문학적 영향을 받아 탄생한 음악 작품
	실러	〈환희의 송가〉	베토벤 〈교향곡 9번〉
		〈이상〉	리스트 교향시 〈이상〉
	괴테	〈프로메테우스〉	베토벤 〈프로메테우스의 창조물〉
		『에그몬트』	베토벤 〈에그몬트 서곡〉
		〈세 개의 시〉[1]	베토벤 〈괴테의 시에 의한 세 개의 노래〉

미술	대칭성, 조화와 균형 중시

무용	음악에서 나타나는 화성에 의한 수직성과 무용의 안무에서 나타나는 수직적 움직임의 유사성

6.1 건축: 다시 고대 그리스·로마 시대로

전고전주의 시대를 이어 출현하는 고전주의 시대의 건축은 고대 그리스·로마 시대의 고전 양식에 관한 연구에서 얻은 지식을 바탕으로 하여 고전주의 시대에 맞는 표현 방법을 찾으려 힘썼는데요. 이와 같은 경향으로 인해 균형감과 안정감을 중시한 고전 시대 건축물들은 그리스 건축과 유사한 외관으로 나타났습니다.

18세기의 건축은 로코코와 초기 고전주의 양식이 혼재되어 있는 모습을 보이는데요. 이 시기의 건축은 귀족의 궁전이나 대규모의 성당을 중심으로 발전했습니다. 그중에서도 모차르트와 하이든이 활동했던 빈의 슈테판 대성당(St. Stephen's Cathedral)은 고전주의 시대의 음악과 깊은 관계가 있는 대표적 건축물입니다. 빈의 슈테판 성당은 12세기에 세워졌지만,

슈테판 대성당

오랜 시간 동안 대대적인 복원과 확장이 이루어졌는데요. 이곳에서 많은 고전주의 작곡가들의 대규모 종교 음악이 연주되었습니다.

　고전주의 시대는 사상적으로도 많은 변화가 있던 시기입니다. 계몽 주의 사상의 영향으로 이성적 사고와 합리성이 강조되었는데요. 더불어 자유와 평등이 강조되었으며, 그에 따른 계급사회의 붕괴가 초래되었습니다. 이러한 사회적 변화는 이 시대의 건축과 음악 모두 이전 시대와는 대조적으로 대중성을 중시하게 되는 결과를 낳습니다. 또한 고전주의 시대는 르네상스 시대부터 시작된 악보의 보급이 대중화되었던 시기이기도 한데요. 이러한 사건들은 음악이 특정 계급의 사유화된 모습을 보였던 시대와는 확연히 다른 특징을 보여줍니다.

　고전주의 음악은 오스트리아 빈을 중심으로 발전했으며, 균형적 형식과 보편성을 추구했는데요. 고전주의 시대는 주요 3화음을 중심으로 한 화성법의 확립, 2관 편성의 오케스트라 출현, 소나타 형식의 정립과 그에 바탕을 둔 기악음악 작품, 즉 교향곡, 협주곡, 실내악곡 등의 발전이 이루어진 시기이기도 합니다. 고전주의 시대의 건축과 음악은 바로크 시대에 추구되었던 장식적인 것에 얽매이지 않고 본질적인 것에 집중했다는 공통점을 보이는데요. 이러한 고전주의 건축은 18세기 후반에 계몽주의 사상과 혁명 정신을 배경으로 프랑스에서 신고전주의 건축물로 나타나기도 합니다.

　신고전주의는 18세기 후반에서 19세기 초에 걸쳐 나타난 건축 양식으로, 음악의 고전주의 시대와는 약간의 시간 차가 있는데요. 그럼에도 이상과 추구하는 점이 같기 때문에 신고전주의 건축물과 고전주의 음악은 매우 닮은 모습을 보이고 있습니다. 신고전주의 건축은 음악과 마찬가지로 균형·조화·명확성을 중시했는데요. 이는 고전주의 음악의 형식적 명료함과 상응하는 것이라 생각될 수 있습니다. 고전주의 음악과 건축 중 연관성을 찾아볼 수 있는 작품을 정리하면 다음과 같습니다.

고전주의 건축과 음악의 연관성

건축가	건축 작품	예술 사조	작곡가	음악 작품	예술 사조	연관성
자크-앙주 가브리엘 (Jacques-Ange Gabriel, 1698-1782)*	〈프티 트리아농 Petit Trianon〉 (1762-1768)	고전주의	하이든	〈교향곡 94번 '놀람' Symphony No. 94 in G Major, 'Surprise', Hob. I:94〉 (1791)	고전주의	가브리엘의 프티 트리아농은 고전적 비례와 균형을 강조한 건축물로, 하이든 음악은 명확한 구조와 조화를 중시한 고전주의 음악의 대표작으로 두 작품 모두 고전적 미덕을 구현하고 있다.
토머스 제퍼슨 (Thomas Jefferson, 1743-1826)**	〈몬티첼로 Monticello〉 (1772-1809)***	신고전주의	모차르트	〈교향곡 40번 Symphony No. 40 in G minor, K. 550〉 (1788)	고전주의	제퍼슨의 몬티첼로는 로마 건축에서 영감을 받은 대칭성과 조화로운 구성을 가진 신고전주의 건축물로, 모차르트의 교향곡은 감정과 구조적 균형이 잘 이루어진 고전주의 음악의 대표작이다.

* 프랑스의 건축가로, 루이 15세와 루이 16세 시기에 중요한 공공 건축물을 설계한 프랑스 신고전주의 건축의 대표적인 인물이다. 고전적 비례와 균형을 강조한 건축 양식으로 잘 알려져 있으며, 프랑스 궁정 건축의 절정을 이끌었다.

** 미국의 제3대 대통령(1801-1809)으로, 미국 건국의 아버지 중 한 사람이자, 미국 독립 선언서의 주요 기고자다. 정치가, 철학자, 건축가, 교육자 등 여러 분야에서 뛰어난 업적을 남겼으며, 미국 민주주의의 초석을 다진 인물로 평가받는다.

*** 합리성, 논리성을 중시하며 간결하고 절제된 특징을 갖는 팔라디오(palladio) 건축 양식을 바탕으로 한 신고전주의 건축물로, 미국 건축사에 큰 영향을 주었다.

프티 트리아농

몬티첼로

 음악의 시간 속에서: 건축, 문학, 미술, 무용과의 대화

6.2 문학: 실러와 괴테

고전주의 시대 문학은 앞서 설명한 바와 같이 음악사에서 바로크 시대에 속하는 1600년대의 문학을 말하는데요. 고전주의 문학에 대해서는 바로크 시대 부분에서 설명해 드렸기 때문에 여기서는 고전주의 시대 대표 작곡가들의 작품에 문학이 어떤 영향을 주었는지에 대해 살펴보도록 하겠습니다.

프리드리히 실러(Johann Christoph Friedrich von Schiller, 1759-1805)[2]는 고전주의 시대를 대표하는 작곡가 베토벤에게 깊은 영감을 주었던 작가입니다. 잘 알려져 있듯이, 실러의 대표 서정시 〈환희의 송가An die Freude〉(1785)는 베토벤의 〈교향곡 9번 '합창'Symphony No. 9 'Choral' in D minor, Op. 125〉(1822-1824)의 4악장에서 가사로 사용되었습니다. 이 작품은 베토벤의 인류애와 환희의 메시지를 담아내며, 인간의 형제애와 화합, 그리고 이상적 행복에 대한 실러의 시적 영감을 음악으로 승화시켰습니다. 베토벤과 같이 실러의 작품에 영향을 받은 음악 작품으로는 리스트의 교향시 〈이상 Symphonic Poem No. 12, S. 106, 'Die Ideale'〉(1857)[3]이 있는데요. 리스트는 실러의 작품에서 나타나는 분위기에 영감을 받아 작품을 남긴 것으로 알려져 있습니다.

베토벤의 이야기를 조금 더 하고 싶은데요. 베토벤은 〈교향곡 9번〉 이외에도 문학 작품을 통해 얻은 영감을 음악으로 승화시켜 여러 작품을 남겼습니다. 많은 예술 분야 중 특히 문학은 베토벤에게 많은 아이디어를 제공한 분야인데요. 베토벤은 문학 작품을 통해 얻은 상상력을 음악의 구조와 연결하여 작품으로 완성했습니다. 베토벤에게 영향을 준 대표적인 작가로는 셰익스피어, 괴테 그리고 앞서 이야기했던 실러가 있는데요. 셰익스피어가 영향을 주었던 작품은 르네상스 시대에 살펴보았고요. 여기서는 베토벤이 괴테의 어떤 문학 작품에 영향을 받아 이를 음악으로 표현 했는지 살펴보겠습니다.

괴테는 독일 음악에서 음악과 언어의 관계에 대해 깊은 영향을 준 작 가이자 사상가입니다. 그는 독일 음악이 감정 언어를 통해 어떠한 윤리성 을 표출해야 하는지, 음악이 당시의 독일인을 각성하게 하는 데 어떤 역 할을 하는지, 나아가 음악의 궁극적 목표가 무엇인지를 제시했는데요. 음 악의 임무를 다른 예술과 마찬가지로 윤리적·종교적·사회적 역할로 보 았던 작가입니다.[4] 괴테는 음악이 시문학과 결합할 때 문학을 보조해주는 봉사적 역할을 해야 한다고 주장했는데요. 즉 음악은 시에 종속되어 있어 야 하며, 음악과 시가 결합할 때 음악은 시의 내용이 잘 전달될 수 있도록 돕는 역할에 집중해야 한다고 주장했던 작가입니다.

괴테의 문학 작품은 많은 작곡가에게 영향을 주었는데요. 베토벤은 괴테의 시를 인용한 가곡 외에도 『프로메테우스Prometheus』(1773)[5]와 『에그 몬트Egmont』(1788)[6]같은 희곡들에 영감을 받아 발레 작품 서곡인 〈프로메 테우스의 창조물Die Geschöpfe des Prometheus, Op. 43〉(1801)[7]과 〈에그몬트 서 곡〉(1810)[8]을 탄생시켰습니다.

〈괴테의 시에 의한 세 개의 노래Dei Gesänge von Goethe, Op. 83〉(1810)[9]는 괴테의 시를 이용해 작곡한 가곡으로 베토벤이 괴테의 문학 작품을 통해 많은 영감과 아이디어를 제공받았음을 보여줍니다. 문학은 베토벤 외에 도 많은 작곡가에게 영향을 주었는데요. 작곡가들은 문학적 요소들을 음 악에 접목하여 표현했습니다.

이러한 고전주의 문학과 음악의 연관성에 대해 표로 정리하면 다음 과 같습니다.

작곡가	음악 작품	특징
베토벤	〈교향곡 9번 '합창'〉	프리드리히 실러의 시 〈환희의 송가〉를 가사로 사용했다. 인간애와 희망을 표현한 작품으로, 고전주의와 낭만주의를 연결하는 대표작이다.
하이든	〈현악 4중주 '황제' String Quartet No. 62 in C Major, Op. 76 No. 3〉 (1797)	오스트리아 〈황제 찬가Gott erhalte Franz den Kaiser〉의 2악장 선율을 사용한 것이 특징이다. 고전주의의 균형과 조화를 잘 보여준다.
모차르트	오페라 〈마술피리 Die Zauberflöte, K. 620〉 (1791)	계몽주의 이념을 반영한 작품으로 선과 악, 빛과 어둠의 대립을 통해 진리와 도덕성을 탐구한다.
글루크 (Christoph Willibald Gluck, 1714–1787)	오페라 〈오르페오와 에우리디체 Orfeo ed Euridice〉(1762)	고전주의 오페라 개혁의 대표작으로, 단순하고 순수한 선율, 극적인 감정 표현을 중시하며 고대 신화를 재구성한 작품이다.

글루크, 〈오르페오와 에우리디체〉, 1762
https://youtu.be/6RUqqzznL0E?feature=shared

고전주의 문학의 형식적 완벽성 추구는 소나타 형식 같은 음악적 구조의 발전에 영향을 주었는데요. 이는 이 시대 문학에서 강조되었던 구조적 균형과 논리적 전개가 음악의 형식 발전에 기여했다고 볼 수 있습니다.

6.3 미술: 조화와 균형

　고전주의 미술은 17세기 초에서 18세기 중반까지 유럽에서 유행했습니다. 고대 그리스·로마의 미술과 건축에서 영감을 받아 균형과 조화를 중시한 것이 특징인데요. 고전주의 미술과 음악은 앞서 살펴보았던 다른 예술 분야들과 마찬가지로 균형·조화·이성을 중시하며, 고대 그리스·로마의 이상을 따랐습니다.

　미술에서 푸생과 로랭(Claude Lorrain, 1600-1682)의 작품들이 고대 그리스·로마의 이상적인 자연과 인물을 작품에 담았듯이, 음악에서도 고전주의 작곡가들은 형식적 완벽함과 구조적 조화를 중시했는데요. 이러한 푸생과 로랭의 작품들은 베토벤 교향곡과 연관되곤 합니다. 푸생의 작품을 통해 명확한 구조와 균형 그리고 조화를 통해 이성적이고 고전적인 아름다움을 추구했는데요. 이는 베토벤의 음악에서도 쉽게 찾아볼 수 있는 특징입니다. 예를 들어 베토벤 〈교향곡 5번 '운명' Symphony No. 5 'Schicksals' in C minor, Op. 67〉(1804-1808)은 명확한 주제와 발전부에서의 구조적 균형을 통해 고전주의의 이상을 보여주는데요. 이를 통해 푸생이 시각적으로 구현한 균형과 조화의 미학이 베토벤의 음악에서는 청각적으로 구현되었다고 볼 수 있습니다.

　또한 로랭의 풍경화는 자연의 이상적이고 낭만적인 모습을 담고 있는데요. 그의 작품은 고요한 자연의 아름다움을 강조하며, 이를 통해 고전적이고 평화로운 분위기를 연출했습니다. 이러한 특징은 베토벤 〈교향곡 6번 '전원' Symphony No. 6 'Pastoral' in F Major, Op. 68〉(1808)에서도 나타납니다. 베토벤의 전원 교향곡은 자연을 직접적으로 묘사한 완전한 프로그램 음악은 아니지만, 로랭의 풍경화와 같은 평화롭고 목가적인 정서를 담고 있는데요. 이는 미술과 음악이 같은 주제를 다루며 서로 영향을 주고받았다는 예시로 볼 수 있습니다.

고전주의 미술은 이 시대의 오페라 무대 미술과도 관련이 있는데요. 고전주의 시대의 오페라는 당시의 미술적 경향과 깊은 연관성을 보입니다. 오페라 무대의 배경과 시각적 연출은 고전주의 미술에서 영감을 받아 고대 그리스와 로마의 신전, 궁전 그리고 자연을 이상적으로 묘사했는데요. 글루크의 오페라 〈오르페오와 에우리디체〉는 고전적 주제와 함께 무대 예술 면에서도 고전주의 미술의 이상을 반영한 작품으로, 당시의 미술 경향과 음악 스타일이 결합된 모습을 보여줍니다.

고전주의 미술을 대표하는 작품들에 나타난 특징을 정리하면 다음과 같습니다.

고전주의 미술에 나타난 특징

작가	작품명	특징
자크-루이 다비드 (Jacques-Louis David, 1748-1825)	〈호라티우스 형제의 맹세 The Oath of the Horatii〉(1784)	고대 로마의 역사적 사건을 소재로 하여 국가와 가족에 대한 충성을 강조했다. 선명한 선과 구조, 단순하면서도 강렬한 표현이 특징이다.
장 오귀스트 도미니크 앵그르(Jean Auguste Dominique Ingres, 1780-1867)	〈그랑드 오달리스크 La Grande Odalisque〉(1814)	고전적인 비례와 형태를 유지하면서도 동양적 요소를 더하여 신비롭고 우아한 분위기를 창출하며, 이상화된 인체 묘사가 특징이다.
니콜라 푸생	〈아르카디아의 목자들〉 (1637-1638)	고대 그리스·로마의 이상적인 목가적 풍경을 배경으로 한 작품으로, 인간의 운명과 죽음을 암시하며 고전적 균형을 유지한 작품이다.
안토니오 카노바 (Antonio Canova, 1757-1822)	〈큐피드와 프시케 Psyche Revived by Cupid's Kiss〉 (1787-1793)	고대 신화를 주제로 한 조각으로, 우아한 인체 표현과 감성적 순간을 강조한 이상적인 아름다움을 표현했다.
자크 루이 다비드	〈소크라테스의 죽음 La Mort de Socrate〉 (1787)	플라톤의 대화편 중 하나인 『파이돈 *Phaedo*』의 기록을 바탕으로 한 작품이다. 철학자 소크라테스의 마지막 순간을 통해 진리와 도덕적 용기를 표현한 걸작으로, 이 작품은 신고전주의 미술의 특징을 잘 보여주며, 다비드의 뛰어난 구도와 상징성을 통해 고전적 이상을 추구하는 동시에 정치적·철학적 메시지를 전달하는 중요한 작품으로 평가된다.

이렇게 고전주의 미술에서 나타나는 경향은 이 시대의 음악이 갖는 특징과 매우 유사하다는 것을 알 수 있는데요. 고전주의를 설명하면서 계속 강조되고 있는 선명함, 비례와 균형이 이 시대의 미술 작품에도 동일하게 남아 있음을 알 수 있으며, 이는 두 예술 분야 간의 상호작용을 보여주는 예라 할 수 있습니다.

6.4 무용: 음악과 무용에서의 수직성

고전 발레는 음악의 구조와 밀접한 연관성을 보입니다. 음악의 리듬, 멜로디 그리고 화성을 기반으로 무용수들의 동작이 형성되며, 음악이 제공하는 명확한 구조는 발레 동작들이 그에 맞춰 조화롭게 구성되도록 도왔는데요. 특히 음악의 구절(phrase)은 무용이 갖는 표현력에 큰 영향을 주었습니다.

고전주의 음악이 점점 더 정교해짐에 따라 발레 또한 더욱 기술적 발전을 이루었는데요. 무용수들은 더 높은 점프와 정교한 발 포지션 등을 수행했고, 이는 음악이 제공하는 리듬적이고 구조적인 요소들에 의해 가능해졌다고 볼 수 있습니다.

또한 고전주의 시대에 접어들면서 무용과 음악은 '수직성'이라는 공통점을 가지게 되는데요. 화성 체계에 의해 수직적으로 음들을 쌓아 올리는 형태가 완성되는 고전주의 시대의 음악과 더불어 고전 발레에서도 무용수의 수직적 움직임을 중요시하게 됩니다. 고전 시대 발레에서는 몸을 지상에서 하늘을 향해 최대한 수직을 유지하며, 직선으로 팽창하는 수직선을 축으로 춤을 추었습니다.[10]

사실 이러한 동작은 무대 의상과도 연관이 있는데요. 17세기까지만 해도 무용수들은 150파운드에 가까운 무대 의상과 가발로 인해 행동에 제약을 받았습니다. 그래서 동작들이 좋게 말하면 우아했다고 표현되겠지만, 단조로울 수밖에 없었습니다.

고전 발레의 수직적 동작은 발레복의 발전과도 연결됩니다. 18세기 말에서 19세기 초 발레복은 코르셋과 가벼운 치마로 구성되었으며, 이로 인해 무용수들이 수직적으로 더 자유롭고 우아하게 움직일 수 있게 되었는데요. 이러한 의상의 변화는 고전주의 음악의 리듬과 선율이 요구하는 정교한 동작을 가능할 수 있게 도왔습니다. 이후 19세기 초 고전 발레에 토슈즈(Toe shoes)가 도입되면서 무용수들은 발끝으로 서는 동작이 가능해졌으며, 이러한 변화는 음악의 경쾌한 리듬과 어울리면서 발레의 수직적 표현이 한층 더 강조되는 결과를 낳았습니다.

이렇게 고전주의 시대의 발레는 이전 시대 수평적인 동작의 형태가 수직화되면서 극적인 표현과 감정 전달로 인해 대중의 관심과 사랑을 받게 되었는데요. 이후 1830-1840년대는 발레의 황금기로 알려져 있습니다.

고전주의 시대에는 음악, 무용, 무대 미술이 하나의 통합된 예술 작품으로 여겨지기 시작했습니다. 이 시대의 발레는 이러한 종합 예술의 형태로, 음악과 무용뿐만 아니라 의상, 무대장치, 조명 등이 모두 일체화된 표현 수단으로 여겨졌습니다.

1 베토벤은 괴테의 세 개의 작품 〈그림이 있는 리본으로 Mit einem gemalten Band〉(1771), 〈그리움 Sehnsucht〉(1796), 〈슬픔 속의 기쁨 Wonne der Wehmut〉(1808)이 담고 있는 시적 감정을 음악적으로 해석했다.

2 18세기 시인이자 철학자로, 독일 낭만주의 정신이 표현된 문학 운동인 질풍노도를 선도한 작가이며, 괴테와 더불어 독일 문학의 중심인물이다. 주요 저서로는 칸트 철학을 연구한 결과를 토대로 집필한 『인간의 미적 교육에 관한 서한 Briefe über dieästhetische Erziehung des Menschen』(1795)과 그의 마지막 작품이자 민족극인 『빌헬름 텔 Wilhelm Tell』(1804)이 있다. 그는 독일 문화사에서 작가이자 사상가로서, 인간의 자유와 미적 이상을 탐구한 중요한 인물로 꼽힌다.

3 실러의 동명 시 〈이상〉의 영감을 받아 창작된 작품으로, 리스트는 이 작품 외에도 문학 작품의 영향을 받아 많은 교향시를 남겼다.

4 최미세, 「정신적 예술로서 독일음악 정체성 접근」, 『괴테연구』 32(2019), p. 81.

5 괴테의 이상주의 정신이 담긴 질풍노도 시대의 대표적인 시로, 그리스 신화에 나오는 프로메테우스의 목소리를 빌려 시인의 광대한 감정을 노래한 2막으로 이루어진 희곡이다.

6 16세기 스페인의 지배에 항거했던 네덜란드 자유의 투사 에그몬트 백작을 소재로 하는 역사 드라마다.

7 베토벤이 작곡한 음악에 이탈리아 출신의 무용수 겸 안무가인 살바토레 비가노(Salvatore Vigano, 1769-1821)가 안무한 작품이다. 프로메테우스는 인간에게 문화를 주는 그리스 신화에 등장하는 신으로, 이 신의 이야기를 제재로 삼아 이 발레 음악이 만들어졌다.

8 베토벤이 1809년과 1810년 사이에 괴테의 동명 희곡 『에그몬트』를 위해 작곡한 극음악 중 서곡으로, 전곡이 연주되기보다 서곡만 독립적으로 연주되는 경우가 많다.

9 이 작품은 괴테의 시를 바탕으로 창작된 것으로, 이 작품을 구성하는 세 개의 노래 제목은 다음과 같다. 1. 슬픔 속의 기쁨(Wonne der Wehmut), 2. 북이 울린다(Die Trommel gerühret), 3. 제비꽃(Das Veilchen). 이 곡들은 괴테의 시에서 영감을 받아 베토벤이 작곡한 가곡으로, 시와 음악의 조화를 이루며 괴테의 감성과 베토벤의 음악적 해석이 결합된 작품이다.

10 철학아카데미, 앞의 책, p. 235.

함께 읽으면 좋은 책

박인석. 『건축 생산 역사 2』. 마티, 2022.

상지편집부. 『고전주의 시대정신 1, 2』. 상지원, 2007, 2009.

실러. 『인간의 미적 교육에 관한 서한』(*Briefe über dieästhetische Erziehung des Menschen*, 1795).

———, 『빌헬름 텔』(*Wilhelm Tell*, 1804).

아르놀트 하우저. 『문학과 예술의 사회사 3』. 반성완·백낙청·염무웅 역. 창비, 2016.

윌라드 A. 팔머. 『고전주의 시대』. 상지원, 2001.

이남재·김용환. 『18세기 음악』. 음악세계, 2006.

찰스 로젠. 『고전적 양식: 하이든 모차르트 베토벤의 음악 언어』. 장호연 역. 풍월당, 2021.

피에르 카반. 『고전주의와 바로크』. 정숙현 역. 생각의나무, 2006.

허영한·이석원. 『고전음악의 이해』. 도서출판 심설당, 2011.

7

19세기

19세기는 산업혁명과 도시화가 진행되었던 시기입니다. 산업화는 경제적 발전뿐만 아니라 사회적·문화적 변화를 촉발했는데요. 이러한 변화 속에서 낭만주의 예술가들은 도시 생활의 혼잡함과 기계화된 삶에 대한 반작용으로 자연, 전통 그리고 내면세계 등에 관심을 갖는 성향을 보였습니다.

이 시대의 기술적 진보는 악기 제작에도 큰 영향을 주었는데요. 피아노의 개량과 오케스트라 규모의 확장은 작곡가들이 더욱 풍부하고 복잡한 음악을 창작할 수 있게 했으며, 이는 낭만주의 음악의 다양성과 감정적 표현의 깊이를 한층 더 확대하는 데 기여했습니다.

19세기는 정치적 격변으로 인한 민족주의 성향도 두드러졌던 시기인데요. 이 시기는 여러 차례의 정치적 혁명과 자유주의 운동이 일어났던 시대입니다. 특히 프랑스 혁명은 인간의 자유와 평등에 대한 새로운 이상을 촉발시켰으며, 이는 낭만주의 예술에 깊이 반영되었습니다. 이러한 시대적 배경 속에서 예술가들은 자유, 해방 그리고 혁명의 이상을 음악과 미술 작품을 통해 표현했습니다.

들라크루아(Eugène Delacroix, 1798-1863)의 1830년 작품 〈민중을 이끄는 자유의 여신 La Liberté guidant le peuple〉은 낭만주의 시대의 대표적인 예술 작품 중 프랑스 혁명의 영향을 잘 보여주는 예입니다. 이 작품은 자유를 향한 투쟁과 혁명 정신을 상징적으로 표현하며, 프랑스 혁명의 이상을 강렬하게 드러냅니다. 프랑스 혁명 이후 낭만주의 음악은 개인의 감성과 자유로운 표현을 강조하게 되었습니다. 이 시기 작곡가들은 대규모 오케스트라와 풍부한 화성을 사용하여 감정을 깊이 있게 전했습니다.

민중을 이끄는 자유의 여신

　이러한 분위기 속에서 19세기 후반에는 민족주의가 예술에 중요한 영향을 주었는데요. 낭만주의 음악가들은 자신들의 민족적 정체성을 탐구하는 과정에서 전통적인 민속 음악과 이야기에서 영감을 받았습니다. 이는 러시아, 헝가리, 체코 등 다양한 나라에서 그 나라 고유의 음악적 스타일을 발전시키는 역할을 했고, 스메타나(Bedrich Smetana, 1824-1884), 드보르자크(Antonin Dvorak, 1841-1904) 그리고 시벨리우스(Jean Sibelius, 1865-1957) 등 민족주의를 대표하는 작곡가들은 자신의 작품에 민속적 색채를 불어넣었습니다.

　19세기 등장한 여러 예술 사조 중 특히 낭만주의는 18세기의 합리주의, 즉 고전주의로부터 해방되어 감정과 상상력을 중시한 것이 특징입니다. 낭만주의 시대 예술가들은 좀 더 인간적인 표현 수단을 추구했고, 상상력과 영감을 중시했습니다.[1] 사실 이러한 움직임은 이 시대의 고통스러운 현실에 대한 도피로도 볼 수 있는데요. 19세기에 나타난 음악과 연관된 특징들은 다음과 같습니다.

19세기 건축·문학·미술·무용과 음악

건축	고딕 양식의 부활(첨탑, 창문 장식, 아치), 자연과의 조화, 비대칭성	
문학	음악에 영향을 준 문학적 영감	문학적 영향을 받아 탄생한 음악 작품
	괴테, 하이네	슈베르트의 예술가곡
미술	인상주의 미술에서의 색채 중시와 동시대 음악에서 화성보다 음색을 중시하게 된 현상의 연관성	
	사실주의와 신고전주의	
	하르트만과 무소륵스키	
무용	발레 음악의 발전	

19세기는 음악과 연관된 사실들을 중점적으로 다루기 때문에 크게 낭만주의와 인상주의로 나누어서 설명할 수 있을 것 같은데요. 19세기 중엽에 나타나는 사실주의(realism),[2] 19세기 후반에 나타나는 상징주의(symbolism)에 대한 간단한 설명도 포함되어 있습니다. 분야별로 음악과의 연관성에 대해 설명하기 전에 낭만주의의 특징과 인상주의의 특징에 대해 우선 간단히 설명하도록 하겠습니다.

❶ 낭만주의(Romanticism)

19세기를 흔히 낭만주의 시대라고 말하는데요. 낭만주의는 18세기 말에서 19세기 중엽까지 유럽 전역에 등장한 문예 사조, 예술을 말합니다. 고전주의 시대의 건축물은 고대 그리스·로마의 고전을 모본으로 한 반면, 낭만주의 시대의 건축물은 당시의 민족·국가를 중심으로 그 특수성을 드러내며 자유를 존중하는 특징이 있는데요. 낭만주의 예술은 고전주의에 대한 반동으로 나타난 주관적·개성적·공상적·상징적·신비적·초자연적 특성을 보이는 모든 예술을 지칭하는 말입니다.

특히 낭만주의 음악의 대표적인 특징 중 하나인 프로그램 음악은 절대 음악과 상반된 개념으로, 순수한 음의 논리적 조합으로 예술성을 추구했던 절대 음악과 달리 음악 외적인 요소들을 반영한 음악을 뜻하는데요. 이로 인해 프로그램 음악에서는 조금 더 개성 있는 표현이 용이해집니다.

낭만주의 시대 음악에서는 건축에서 나타났던 자유로운 표현을 넘어서 감정 표현 등의 시도들이 있었는데요. 각 예술 분야에서 표출된 이미지는 조금씩 다르지만 19세기는 18세기부터 팽배했던 계몽주의의 영향을 받아 신 중심에서 인간 중심의 사회로 도약할 수 있었고, 그로 인해 개인의 개성과 감정이 중시되는 낭만주의로 이어질 수 있었습니다.

❷ 인상주의(Impressionism)

인상주의는 19세기 후반부터 20세기 초반에 등장하는 사조입니다. 미술에서부터 시작되기 때문에 간단히 설명해 드리고 본격적인 이야기를 시작해볼게요.

인상주의는 낭만주의 예술에 포함되는 예술 사조인데요. 인상주의가 시작되기 전인 19세기 중반은 미술사에서 큰 변화가 있었던 시기입니다. 1839년 은판 사진술의 개발로 사진기가 발명됨에 따라 이전 시대까지 회화 작품의 주된 역할이었던 모방을 통한 정보와 지식 전달은 더 이상 필요하지 않게 되었습니다. 오랜 시간 동안 미메시스의 모방 개념에 기초한, 실물과 똑같은 예술 작품들의 가치가 저하되면서 이를 대체할 무언가가 필요해졌는데요. 이에 따라 작가들은 사진이 표현할 수 없는 것을 화폭에 담는 데 시선을 돌려 회화의 가치를 보존하려고 노력했으며, 인상주의 미술은 여기서 시작되었다고 볼 수 있습니다. 다시 말하면 예전에는 실존하는 것을 똑같이 표현하는, 즉 이전 시대에는 있는 그대로 표현하는 것이 예술의 목표였지만, 사진기의 발명으로 인해 더 이상 사진 같은 미술 작품은 필요 없어진 거죠.

이렇게 시작된 변화들은 19세기 프랑스 미술의 경우 '빛'의 표현과 색채의 변화를 중요시하는 인상주의 미술로 발현됩니다. 이 시대에는 1841년 발명된 튜브형 물감(tube paint)을 사용하게 되면서 화가들은 더 이상 아틀리에에 머무르지 않고, 그리고 싶은 대상을 직접 마주하는 자연 속으로 나아가 그림을 그릴 수 있게 되었는데요. 따라서 인상주의 작가들은 이전 시대의 예술적 전통과 원근법의 제약에서 벗어나 자연의 색채와 빛에 따른 변화들을 작품에 담았습니다.

'인상주의'라는 명칭의 유래는 너무 유명한 일화로 잘 알려져 있죠. 1863년 낙선 화가들의 전시회에 모네(Claude Monet, 1840-1926)[3]가 〈인상, 해돋이 Impression, Sunrise〉(1872)라는 제목의 풍경화를 전시했던 사건에서 연유하는데요. 이 전시회를 관람한 평론가 루이 르루아(Louis Leroy, 1812-1885)가 「인상주의자들의 전시」라는 제목을 글을 기고하면서 생겨난 용어로 알려져 있고요. 그 이후로 비슷한 유형의 그림들을 인상주의적이라는 말로 특징짓는 관례가 생겨났습니다. 이러한 인상주의 미술은 시각적으로 인상

모네, 〈인상, 해돋이〉(1872)

을 받은 순간의 감정, 분위기 등을 표현하는 것을 목표로 하며, 단순한 사실적 표현보다 자연과 인간의 내면적인 모습을 표현했습니다.

같은 시기에 발생하는 인상주의 음악은 조성적인 틀과 음악적 형식을 중요시했던 고전주의 시대의 음악, 그리고 선율과 화성적 범위가 확대된 낭만주의 시대의 음악을 거쳐 발생됩니다. 인상주의 음악에서는 인상주의 미술에서 '빛'의 표현에 집중했듯이, 음악적 형식에 얽매이지 않고 '음색'에 집중하는 음악 작품들이 나타나게 됩니다. 이러한 움직임으로 빚어진 특징은 비화성음의 잦은 쓰임과 동시에 비화성음들을 해결되지 않은 채로 남겨두거나, 고전주의 시대 화성적인 음악이 보여주는 수직성보다 수평성이 강조되어 선명한 음악적 경계를 피하며 흐름과 조각적인 특성에 주목함으로써 조성이 뚜렷하게 부각되지 않는 음악이 창작되었는데요. 드뷔시(Claude Achille Debussy, 1862-1918)와 라벨(Maurice Joseph Ravel, 1875-1937)의 작품이 이러한 인상주의 음악의 대표적 예입니다.

특히 말라르메의 시 〈목신의 오후L'Après-midi d'un faune〉(1876)에 영감을 받아 드뷔시가 작곡한 관현악곡 〈목신의 오후에의 전주곡Prélude à l'aprésmidi d'un faune, L. 86〉(1892-1894)으로 음악에서의 인상주의가 확립되었다고 알려져 있는데요. 물론 말라르메는 상징주의 문학의 대표하는 시인으로, 그의 시에 영향을 받은 드뷔시의 〈목신의 오후에의 전주곡〉을 단순히 인상주의적 작품으로만 해석 하는 것은 다소 한계가 있을 수 있습니다. 드뷔시는 이 작품을 통해 상징주의 문학의 특징인 모호함, 함축성, 상징적 암시를 음악적으로 해석하고 구현하려 했기 때문일 텐데요. 그럼에도 불구하고 〈목신의 오후에의 전주곡〉이 인상주의 음악을 대표하는 작품으로 자주 언급되는 이유는 인상주의 음악의 특징들 또한 담아내고 있기 때문입니다. 즉, 명확한 조성과 형식의 해체와 선율보다 음색과 하모니의 흐름 강조, 관능적이고 모호한 분위기, 목관 악기의 자유로운 활용을 통한 색채감 있는 오케스트레이션, 모티브의 명확한 발전 없이 이미지처럼 스쳐 지나가는 흐름 등이 그 특징일 텐데요. 이 작품은 전통적 조성 음악에서 벗어난 새로운 감각적 음악의 가능성을 제시하며, 이후 라벨, 스크랴빈(Alexander Scriabin, 1872-1915), 더 나아가 현대음악 작곡가들에게까지 영향을 주었습니다.

인상주의 시대에 나타난 대표 건축물로는 호주 시드니의 오페라하우스를 들 수 있는데요. 인상주의 시대의 건축물은 혁신적 재료와 기술을 도입하여 이전 시대의 양식과 대비적인 성격을 보여주는 새로운 디자인을 추구했다는 것이 특징입니다. 이러한 특징은 음악에서 나타난 특징과 유사한 것으로 전통적인 양식과 형식을 버린 새로운 시도가 건축과 음악의 인상주의에서 나타납니다.

❸ 사실주의(Realism)와 상징주의(Symbolism)

이 밖에도 19세기 중엽에 미술에서 나타난 사실주의, 19세기 후반에 문학과 미술에서 나타난 상징주의 등의 예술 사조도 등장하는데요. 사실주의는 인간의 일상생활과 사회적 현실을 사실적으로 그려내는 것을 목표로 했습니다. 이는 낭만주의의 이상화된 표현과는 대조되는 것으로 사실주의는 노동자, 농민, 빈곤층의 삶을 있는 그대로 묘사했습니다. 예술의 각 분야에서 사실주의의 대표 작가들을 소개하면 다음과 같습니다.

사실주의의 분야별 대표 작가

분야	대표 작가 또는 장르
음악	베리즈모(Verismo) 오페라 푸치니(Giacomo Puccini, 1858-1924) 〈라 보엠 La Boheme〉
문학	에밀 졸라(Émile Zola, 1840-1902)[4], 귀스타브 플로베르(Gustave Flaubert, 1821-1880)
미술	귀스타브 쿠르베(Gustave Courbet, 1819-1877), 장-프랑수아 밀레(Jean-François Millet, 1814-1875)

상징주의는 19세기 후반에 문학과 미술에서 등장한 사조인데요. 직설적인 표현보다 상징과 암시를 통해 감정과 생각을 전달했습니다. 이는 현실을 초월한 내면세계와 영적인 영역의 탐구를 표현한 것인데요. 이러한 상징주의 작가들을 소개하면 다음과 같습니다.

상징주의의 분야별 대표 인물

분야	대표적 인물
음악	드뷔시
문학	보들레르, 랭보, 말라르메
미술	귀스타브 모로(Gustave Moreau, 1826-1898)

귀스타브 모로 박물관

상징주의 작가들의 시는 많은 작곡가들에게 영감을 주었는데요. 대표 작품으로 벤저민 브리튼(Benjamin Britten, 1913-1976)의 연가곡이 있습니다. 브리튼은 상징주의의 대표 작가인 랭보(Arthur Rimbaud, 1854-1891)의 시에 영향을 받아 가곡 중 초기 작품에 속하는 연가곡 〈광명 Les Illuminations〉(1940)을 남겼는데요. 브리튼은 자신의 문학적 소양과 언어적 감각을 바탕으로 가곡 작곡에 있어서 시를 매우 중요한 요소로 생각했습

벤저민 브리튼

니다. 브리튼은 이 작품에서 랭보의 시가 갖는 시적 표현, 언어적 뉘앙스에 집중했는데요. 이 작품의 제목 〈Les Illuminations〉은 랭보의 시집과 동일한 제목으로, 시적 요소를 음악적으로 표현하고자 했던 브리튼의 의도를 엿볼 수 있습니다. 이처럼 19세기에는 다양한 예술 사조가 공공존했던 시기인데요. 각 사조는 다양한 흐름을 통해 예술의 발전에 기여했습니다.

7.1 건축: 다시 고딕 양식으로

낭만주의 시대의 대표적인 건축물로는 영국의 국회의사당(Houses of Parliament)이 있는데요. 예전에 영국 여행을 갔을 때 '드디어 영국에 왔구나!'를 이 건축물을 보고 느꼈던 것이 생각나네요. 그만큼 영국을 대표하는 랜드마크 역할을 하는 이 건축물은 템스강(river Thames)에 위치해 있는데요. 이 건축물은 낭만주의 건축물의 특징인 자연과의 조화와 웅대함, 다양한 형태와 높이를 가진 건축의 비대칭성 등 낭만주의적 경향을 그대로 보여줍니다.

사실 낭만주의라는 용어는 영웅적인 인물이나 사건을 다루는 중세의 문학을 지칭하는 '로망스(romance)'에서 유래되었는데요. 문학에서의 낭만주의는 현실 세계와는 다른 전설적이고 공상적인 세계를 말하고, 이러한 특징은 이 시대의 음악에서 보이는 특징과 같습니다.

낭만주의 건축물에는 고딕, 로마네스크 등의 다양한 건축 양식이 혼합되어 있는 것이 특징인데요. 자연 경관과의 조화를 중시하여 건물의 형

영국의 국회의사당(1835)

빈 시청사

태와 배치를 자연스럽게 설계했습니다.

낭만주의의 또 다른 건축물로는 빈 시청사(Wiener Rathaus)를 들 수 있는데요. 영국 국회의사당과 마찬가지로 고딕 양식을 재현한 건축물로 높고 뾰족한 첨탑과 정교한 장식이 특징입니다. 사진을 보면 영국 국회의사당과 빈 시청사의 외관 모습이 매우 흡사함을 확인할 수 있습니다.

이렇게 19세기 건축물들은 과거 건축 양식을 복원하고 재해석하는 경향을 보입니다. 19세기 음악에서도 건축과 같은 움직임이 있었는데요. 19세기 음악은 낭만주의 음악으로 이전 시대와는 다른 새로운 스타일을 추구함과 동시에 과거의 스타일을 부활시키려는 경향이 공존했습니다.

그 예로 멘델스존(Jacob Ludwig Felix Mendelssohn Bartholdy, 1809-1847)의 이야기를 빼놓을 수 없는데요. 그는 열네 살 생일 선물로 조부모에게 〈마태 수난곡Matthäus-Passion, BWV 244〉(1727) 악보를 선물로 받았다고 전해지는데요. 1829년 멘델스존의 지휘로 J. S. 바흐의 〈마태 수난곡〉이 연주됩니다. 이 연주는 〈마태 수난곡〉이 초연된 지 약 100년 뒤에 이루어진 것인데요.

멘델스존의 해석을 기반으로 이루어진 이 음악회는 대성공을 거두게 되고, 이를 계기로 J. S. 바흐의 음악이 다시 주목받게 됩니다.

J. S. 바흐의 재조명은 그 의의가 매우 큰데요. 물론 19세기에는 새로운 음악에 더 중점을 두는 작곡가도 존재했지만 이전 시대의 음악적 틀을 존중했고, 이를 계승·발전시키며 그 안에서 자신의 음악을 창조해나가는 작곡가들이 공존했습니다. 현재 J. S. 바흐는 음악사에서 가장 영향력 있고 존경받는 작곡가이기 때문에 믿기 어려운 사실이지만, J. S. 바흐는 이 사건 이전에는 중요한 작곡가로 생각되지 못했어요. 생전에도 아들인 C. P. E. 바흐가 더 인기 있는 작곡가였다고 전해지는데요. J. S. 바흐가, 그리고 그의 음악이 멘델스존의 연주 이전에는 주목받지 못했다는 사실이 놀랍지 않으세요?

이 시대는 대형 오페라 극장과 콘서트홀이 지어졌던 시기이기도 한데요. 낭만주의 시대로 접어들면서 작곡가들은 대규모로 편성된 곡들을 작곡하게 되었고, 그만큼 많은 연주자와 청중을 수용할 수 있는 건축물이 필요했는데요. 이와 같은 사실은 음악을 담는 공간인 건축물과 음악의 관계를 보여주는 것이라 할 수 있습니다.

바그너의 오페라 중 4부작 오페라 〈니벨룽겐의 반지Der Ring des Nibelungen, WWV 86〉(1869-1876)[5]는 종합 예술(gesamtkunstwerk) 중 하나로, 음악·연극·무대 디자인이 통합된 예술 작품입니다. 바이로이트 축제극장(Bayreuth Festspielhaus, 1876) 설계에 바그너의 작품이 직접적인 영향을 미친 것으로 전해지는데요. 이는 이 시대의 음악과 건축이 상호 보완적 관계를 형성했음을 보여주는 예입니다. 바이로이트 축제극장은 음악과 건축이 서로의 요구에 따라 설계되고 조율된 사례를 잘 보여주는데요. 바그너는 이 극장을 통해 자신의 음악적 비전을 실현할 수 있었으며, 이는 이후 오페라 극장 설계에도 많은 영향을 주었습니다.

이렇게 19세기 건축과 음악은 서로 영향을 주고받으며 발전해왔습니다. 전통의 부활과 낭만주의의 감성적 표현, 기술 혁신과 대중화 등의 공통된 특징을 통해 두 예술 형태는 시대의 변화를 반영하고, 서로의 발전에 기여하는 모습을 보입니다.

7.2 문학: 괴테, 하이네의 작품과 예술가곡

19세기의 문학은 낭만주의 문학(1820-1850), 사실주의 및 자연주의 문학(1850-1890), 그리고 상징주의 문학(19세기 말-20세기 초)으로 나눌 수 있습니다.

낭만주의 문학은 음악에서의 낭만주의와 마찬가지로 감정의 해방과 자유를 추구하며, 질서와 논리의 시대인 고전주의의 반작용으로 일어났으며, 18세기 말에서 19세기 초 사이에 유럽 전역에 걸쳐 발생한 문학 사조입니다.

사실주의 문학에 대해서도 간단히 살펴볼게요. 사실주의 문학은 말 그대로 현실을 그려내려 했던 문학 사조인데요. 아리스토텔레스의 모방론에 그 근원을 두고 있지만, 실재하는 생활 현상을 기록하는 예술이 아니라 생활의 진실성을 추구하는 예술이라 할 수 있습니다.[6] 이러한 사실주의는 19세기 후반 지나친 이상주의적 정취에 빠져있던 낭만주의의 환상적인 태도와 비현실성을 비판하면서 등장했는데요. 미적이고 조화로운 것을 추구하기보다 사실적 표현에 의한 객관적인 묘사가 특징입니다. 즉, 19세기는 공상적인 사조와 사실적인 사조가 공존했던 시대입니다.

고전주의가 극을 중심으로, 낭만주의가 시문학에서 가장 두드러진 자취를 남긴 데 비해 사실주의 문학에서는 소설이 주를 이루게 됩니다다. 그 이유는 소설이 현실에 대한 시민계급의 관심에 가장 적합한 문학이라는 점과 교육의 보편화로 인해 독자층이 확대되었기 때문이죠. 사실주의 문학의 대표적 작품으로는 70편가량으로 구성된 부르주아 사회를 다룬 소설인 발자크(Honoré de Balzac, 1799-1850)[7]의 『인간 희극 La Comédie Humain』(1829-1848)을 시작으로, 스탕달(Stendhal, 1783-1842)[8], 쇼팽의 연인으로 유명한 조르주 상드(George Sand, 1804-1876)의 사실적 소재의 소설들, 플로베르의 『보바리 부인 Madame Bovary』(1857), 『감정 교육 L'Education sentimentale』(1869) 등이 있습니다.

자연주의 문학[9]은 낭만주의의 반동으로 나타나게 된 문학 사조로 사실주의에서 파생되었는데요. 자연주의 작가들은 찰스 다윈(Charles Robert Darwin, 1809-1882)의 진화론에 영향을 받았습니다.[10] 사실주의와 달리 자연주의는 사실적인 묘사뿐만 아니라 인간에게 영향을 주는 환경에 더 관심을 보입니다. 대표 작품으로는 비관주의적인 문체가 특징인 에밀 졸라의 『목로주점 L'Assommoir』(1877), 『제르미날 Germinal』(1885), 기 드 모파상(Guy de Maupassant, 1850-1893)의 『여자의 일생 Une Vie』(1883), 『오를라 Le Horla』(1887) 등이 있습니다.

이렇게 음악과 많은 교류를 확인할 수 있는 문학 중에서도 특히 시문학은 음(rhyme)을 통해 표현되는 분야로 음악과 밀접한 연관성을 보이는 분야라 할 수 있는데요. 두 분야의 연관성에 관한 연구에 앞서 시문학과 음악 사이의 상이점을 먼저 살펴보면, 우선 시문학에서 음(운율)[11]이란 음악에서의 음(ton)과는 차이점이 있습니다. 시에서는 음 없이도 내용을 이해할 수 있는데요. 이는 시에서의 음은 그 시의 뜻과는 별개이기 때문입니다. 하지만 음악에서의 음은 작곡가가 표현하고자 하는 소재 바로 그 자체이죠.[12]

또한 음이 갖는 다양성의 차이점이 있는데, 음악은 악기로 음을 만들어서 표현하고 그 종류도 다양하지만 시를 읊을 때의 음은 음악에서의 음 처럼 다양성이 없습니다. 즉, 시문학에서의 음은 언어 안에서의 감정을 알 려주는 기호적 역할에 불과하다는 뜻이겠죠. 이렇게 같은 재료인 음의 사 용이 음악에서는 음 그 자체가 목적으로 사용되는 데 반해 시문학에서는 그렇지 않습니다. 음악은 소리 자체로 그 소리가 들리는 순간 청중에게 직 접적으로 작곡가의 정서와 정신을 전달하지만, 시의 경우에는 뒤에 숨은 뜻을 파악하려는 노력이 필요하다는 것 또한 두 분야의 차이점이라 할 수 있습니다.

이러한 차이점에도 불구하고 두 예술은 교집합이라 할 수 있는 음이 라는 연결 고리를 통해 협력하게 되는데요. 가곡(lied), 종합 무대예술인 오 페라, 종교적 내용을 담은 오라토리오, 소규모 오라토리오인 칸타타 등의 형태로 나타납니다.

문학과 음악의 교류는 낭만주의 시대에 특히 두드러지는데요. 이 시 대는 시와 음악의 직접적 결합이 예술가곡의 형태로 나타납니다. 슈베르 트(Franz Peter Schubert, 1797-1828)에 의해 창안된 예술가곡은 이전에 존재했 던 가곡과 같이 괴테, 하이네(Heinrich Heine, 1797-1856), 실러 등과 같은 당대 유명한 작가들의 작품을 가사로 사용하는 형식은 같지만, 기악음악이 시 를 위한 반주적인 역할에 그치는 것이 아니라 가사를 전달하는 성악과 동 등한 역할을 하게 되는 특징을 갖는데요. 이렇게 예술가곡은 시와 음악이 결합한 형태로, 문학과 음악의 가장 밀접한 관계를 보여주는 장르라고 볼 수 있습니다.

19세기 문학과 음악의 연관성

문학 작가	문학 작품	설명	연관성
요한 볼프강 폰 괴테	『파우스트』 (1808)	독일 낭만주의 문학의 대표작으로, 인간의 욕망과 구원을 다룬 철학적 서사시다.	리스트가 이 작품에 영감을 받아 〈파우스트 교향곡 Faust Symphony〉(1857)을 작곡했으며, 이 작품은 문학과 음악의 서사적 요소의 결합을 보여준다.
하인리히 하이네	『노래의 책 Buch der Lieder』 (1827)	독일 낭만주의 시인 하이네의 대표 시집으로, 감정적이고 서정적인 시들이 주를 이룬다.	슈만(Robert Schumann, 1810-1856)이 하이네의 시를 바탕으로 〈시인의 사랑 Dichterliebe〉(1840)을 작곡했다. 이 작품은 음악과 시의 감정적 결합을 보여준다.
프란츠 슈베르트	〈겨울 나그네 Winterreise〉 (1828)	독일 낭만주의 시인 빌헬름 뮐러(Wilhelm Müller, 1794-1827)의 시를 바탕으로 한 가곡집이다.	가곡 형태로 문학과 음악이 결합된 대표적 사례이며, 슈베르트는 뮐러의 시에서 나타나는 시적 감정을 음악으로 표현했다.
스테판 말라르메	〈목신의 오후〉	프랑스 상징주의 시의 대표작으로, 꿈과 환상, 신화적 상징이 가득한 시다.	클로드 드뷔시가 이 시에 영감을 받아 〈목신의 오후에의 전주곡〉을 작곡했다.
에밀 졸라	『제르미날』	프랑스 자연주의 문학의 대표작으로, 산업혁명 시대 노동자의 삶을 사실적으로 묘사했다.	프랑스 자연주의 문학과 비슷한 시기에 사실주의 음악이 등장하는데, 사실주의 오페라는 노동자와 일상의 삶을 묘사했다.

　　19세기에 문학과 음악의 연관성이 돋보였던 작품들을 정리하면 위와 같은데요. 이렇게 19세기 문학은 작곡가들에게 깊은 영감을 제공했습니다.

7.3 미술: 인상주의와 사실주의, 그리고 신고전주의

낭만주의 시대에 들어와 앞서 설명했던 바와 같이 고대 미메시스 개념에서부터 내려오던 모방이 중시되던 예술적 가치가 사진기의 발명으로 인해 시각예술에 부여되던 사실적 개념이 부각되는 회화의 역할, 즉 모방을 통한 정보와 지식 전달의 역할이 훼손되었고, 작가들은 사진이 표현할 수 없는 것들을 화폭에 담는 데 시선을 돌리며 회화의 가치를 보존하려 노력했습니다. 이러한 움직임의 하나로 나타난 현상이 인상주의였고, 인상주의 미술은 이러한 배경을 토대로 탄생하게 됩니다.

19세기 중반에는 이러한 낭만주의와 대비되는 사실주의가 등장하며, 사실주의 문학과 미술의 토대가 되는데요. 사실주의라는 용어가 미술에서 사용되기 시작한 것은 1855년 쿠르베가 '리얼리즘'이라는 이름으로 개인전을 개최한 것에서 비롯되었습니다. 사실주의가 역사적으로 중요한 이유는 이전까지 아름다운 것만을 미적이라고 생각했던 것에 반기를 들어 추하거나 비참함, 어두운 면에 있는 것으로부터 미를 끌어냈다는 데 있는데요. 이러한 경향은 이후 표현주의 같은 예술 사조에 영향을 주었습니다.

신고전주의(Neo-classicism) 미술은 18세기 중엽에서 19세기 중엽에 걸쳐 유럽에서 형성된 미술을 말합니다. 신고전주의는 계몽주의와 산업혁명 시기의 이념을 반영하고 있으면서 고대 그리스·로마의 미술과 건축을 재해석한 사조로, 작품 안에는 보통 도덕적이고 교훈적인 주제가 내포되어 있습니다. 고전주의의 연장선에 있으면서도 시대적 변화를 반영한 더욱 구체적인 형태로 이해할 수 있는데요. 르네상스 시대와 구분하는 고전주의와 구별하기 위해 '신고전주의 미술'이라고 합니다. 형식의 정연한 통일과 조화, 명확한 표현, 형식과 내용의 균형 등을 중시했으며, 특히 조형

장-바티스트 위카르의 〈이집트의 신〉

미술에서는 엄격한 균제미(均齊美)[13]와 명확한 구도 등이 중시됩니다.

　19세기 프랑스와 이탈리아에서 활동했던 신고전주의 양식의 화가 장-바티스트 위카르(Jean-Baptiste Joseph Wicar, 1762-1834)의 〈이집트의 신 Divinité égyptienne〉[14]은 고전주의 미술의 특징인 균제미가 표현된 작품 중 하나입니다.

　이렇게 균형은 고전주의 미술의 핵심이었는데요. 미술에서보다 일찍 나타난 고전주의 음악에서 보이는 특징과 같음을 알 수 있죠. 이러한 사실은 고전주의 음악이 고전주의 미술에 영향을 주었다고 해석하기보다 그 생각의 뿌리가 같았다는 것으로 해석하는 것이 바람직할 것 같습니다.

　고전적 아름다움을 보여주는 미술 작품으로는 역사적 사건을 다룬 자크 루이 다비드의 〈호라티우스 형제의 맹세〉, 〈소크라테스의 죽음〉, 〈마라의 죽음La Mort de Marat〉(1793), 〈나폴레옹 대관식Le Sacre de Napoleon〉(1807)
과 자크 루이 다비드의 제자인 장 오귀스트 도미니크 앵그르는 〈그랑 오
달리스크〉 등이 있습니다.

신고전주의 시대의 미술 작품들은 르네상스 시대 이후 그 어떤 시대
보다 더 엄격한 형식주의적 예술관이 돋보이는데요. 음악에서의 신고전
주의는 20세기 들어 19세기의 낭만주의와 극단적인 표현주의 음악에 대
한 반발로 등장합니다. 따라서 음악에서의 신고전주의에 대한 자세한 이
야기는 20세기 설명 부분에서 드리겠습니다.

19세기 후반에 나타나는 음악과 미술의 연관성에 대한 설명에 있
어서 빠질 수 없는 인물이 있는데요. 바로 무소륵스키(Modest Petrovich
Mussorgsky, 1839-1881)입니다. 그의 대표작인 〈전람회의 그림Pictures at an
exhibition〉(1874)은 음악과 회화의 독창적인 융합을 보여주는 작품으로 평
가받고 있는데요. 이 곡은 무소륵스키가 화가이자 건축가였던 그의 친구
빅토르 하르트만(Viktor Alexandrovich Hartmann, 1834-1873)의 갑작스러운 죽음
을 추모하며 그를 기리기 위해 개최된 유작 전시회에 전시된 10개의 그림
에서 영감을 받아 탄생하게 된 작품입니다. 따라서 〈전람회의 그림〉은 무
소륵스키가 하르트만과의 우정을 담은 음악적 헌사라 할 수 있습니다. 원
곡은 피아노를 위한 작품이지만, 오늘날에는 라벨이 관현악곡으로 편곡
한 버전이 더 잘 알려져 있는데요. 라벨의 편곡은 다양한 악기의 음색과
풍부한 관현악적 표현을 통해 원곡의 생동감을 더욱 극대화했습니다.

이 작품은 회화를 음악으로 표현한 프로그램 음악으로, 매우 묘사적
이고 강렬한 색채를 가진 것이 특징인데요. 총 10개의 악장은 하르트만의
그림을 각각 음악적으로 표현하며, 그림과 음악 사이의 독특한 연결성을
보여줍니다. 특히 악장 사이에 삽입된 프롬나드(Promenade)는 이 작품의 중
요한 특징 중 하나입니다. '산책'을 뜻하는 말인 프롬나드는 전시회의 관

람자가 그림 사이를 이동하는 움직임과 각 그림 사이에 변화되는 심리 상
태와 분위기를 나타내는 부분으로, 각 악장을 유기적으로 연결하는 역할
을 합니다. 프롬나드의 주제는 변형되면서 악장에 따라 분위기와 리듬이
달라지는 흐름을 음악적으로 이어주는데요. 마지막 10곡 키예프의 대문
에서 첫 번째 프롬나드의 주제가 화려하게 재현됨으로써 전시회의 감상
자에게 하나의 긴 여정을 마무리하며 위대한 작품 앞에 서 있는 듯한 느낌
을 선사합니다. 이는 음악적 순환 구조(cyclic form)의 예로, 이러한 음악적
구조는 처음과 끝이 같은 주제로 연결되어 작품 전체가 하나의 일관된 이
야기로 완성되는 효과를 줍니다. 〈전람회의 그림〉 각 악장의 제목, 하르트
만의 그림에 대한 설명, 그리고 음악적 특징을 정리하면 다음과 같습니다.

〈전람회의 그림〉에 나타난 음악적 순환 구조

구분	악장 제목	하르트만의 그림 설명	음악적 특징
1곡	프롬나드 (Promenade)	전시회를 관람하며 그림 사이를 걷는 관람자의 움직임과 심리 상태를 묘사한다.	밝고 당당한 주제가 반복되며, 이후에 나타나는 프롬나드에서는 각 그림 사이의 분위기에 따라 주제가 변주된다.
	난쟁이 (Gnomus)	절뚝거리며 달려가는 조그만 난쟁이를 묘사했다.	불규칙한 리듬과 급격한 변화로 난쟁이의 비틀거리는 움직임을 표현했다.
	프롬나드	다음 그림으로 이동하는 관람자의 심리적 변화가 나타난다.	첫 번째 프롬나드보다 부드러워진 느낌이지만 분위기가 약간 어두워지며, 다음 그림의 분위기를 암시한다.
2곡	오래된 성 (Il vecchio castllo)	중세 시대의 성과 음유시인이 노래하는 장면이 표현되어있다.	잔잔하고 몽환적인 멜로디가 특징이며 음유시인의 노래를 묘사한다.
	프롬나드	한층 밝아진 분위기로 다음 그림으로 전환을 잇는다.	전환의 기능을 하며, 다음 그림의 활기찬 분위기를 암시한다.

구분	악장 제목	하르트만의 그림 설명	음악적 특징
3곡	튈르리 (Tuileries)	파리 튈르리 정원에서 아이들이 뛰노는 장면이 표현되어있다.	밝고 경쾌한 선율로 아이들의 활발한 움직임을 표현한다.
4곡	비들로 (Bydło)	폴란드 농부의 무거운 소달구지를 묘사한다.	낮은 음역에서 점차 커지는 선율로 소달구지가 다가왔다가 멀어지는 모습을 묘사한다.
	프롬나드	애상적인 단조 선율로 비들로 그림을 감상한 심리 상태가 반영되어 있다.	짧게 등장하며, 곡을 이어간다.
5곡	껍데기 속의 병아리 춤 (Ballet des poussins dans leurs coques)	병아리 모양의 발레 의상을 입은 무용수를 묘사했다.	빠르고 경쾌한 리듬으로 병아리들이 껍질을 깨고 나오는 모습을 표현한다.
6곡	두 유대인 (Samuel Goldenberg und Schmuÿle)	부유한 유대인과 가난한 유대인을 묘사한 스케치이다.	웅장한 선율과 불안정한 음색으로 두 인물의 대조를 음악적으로 표현한다.
7곡	리모주의 시장 (Limoges-Le Marché)	리모주 지역의 활기찬 시장 풍경을 나타냈다.	빠르고 활발한 선율로 시장의 분주함과 사람들의 대화를 묘사하며, attaca로 다음 곡으로 바로 이어진다.
8곡	카타콤바 (Catacombae)	로마의 지하 묘지 풍경이 나타난 그림이다.	어둡고 장중한 화음으로 죽음의 고요함과 무게를 표현한다.
9곡	닭발 위의 오두막집 (La Cabane sur des pattes de poule, BABA-YAGA)	러시아 민담에 자주 등장하는 마녀 바바야가가 사는 전설 속 오두막집을 묘사했다.	역동적이고 급격한 선율 변화로 공포와 긴장을 조성하며, 익살스러운 악상은 빗자루를 타고 이리저리 날아다니는 마녀의 모습을 묘사한다.
10곡	키예프의 대문 (La grande porte de Kiev)	키예프의 웅장한 성문 설계를 위한 디자인 스케치이다.	이 작품의 핵심 요소인 프롬나드 주제가 더욱 웅장하고 장엄하게 변형되어 등장하며, 10곡에서 나타나는 프롬나드 주제의 재현은 곡 전체를 통합하는 역할을 한다.

빅토르 하르트만, 〈키예프의 대문〉, 1869

무소륵스키, 〈전람회의 그림〉, 1874
https://youtu.be/zelzK9QWnK4?feature=shared

이 밖에 낭만주의 미술 작품과 음악 작품 중 서로 연관성을 보이는 작품들을 표로 정리해보았습니다.

19세기 미술과 음악의 연관성

미술가	미술 작품	예술 사조	작곡가	음악 작품	예술 사조	연관성
외젠 들라크루아	〈민중을 이끄는 자유의 여신〉	낭만주의	베를리오즈	〈환상 교향곡 Symphonie fantastique〉 (1830)	낭만주의	들라크루아와 베를리오즈는 감정의 강렬한 표현과 혁명적 주제를 다룬 낭만주의 예술가들로, 각각 미술과 음악에서 드라마틱한 표현을 중시했다.
귀스타브 쿠르베	〈돌 깨는 사람들 Les Casseurs de pierre〉 (1849)	사실주의	푸치니	〈라 보엠 La Bohème〉 (1896)	사실주의	쿠르베의 사실주의 회화와 푸치니의 사실주의 오페라 모두 일상적이고 현실적인 삶을 묘사했는데, 특히 노동자와 가난한 사람들의 삶에 집중했다.
자크 루이 다비드	〈호라티우스 형제의 맹세〉	신고전 주의	베토벤	〈교향곡 3번 '영웅' Symphony No. 3 'Eroica'〉 (1803)	고전주의	다비드의 영웅적 인물을 다룬 신고전주의적 작품과 베토벤의 〈교향곡 3번〉에 표현된 영웅적 주제 표현은 고전적 이상과 개인의 위대함을 강조했다.
장-프랑수아 밀레	〈이삭 줍는 여인들 The Gleaners〉 (1857)	사실 주의	말러	〈교향곡 1번 '거인' Symphony No. 1 'Titan'〉 (1888-1894)	낭만주의	밀레의 그림과 말러의 교향곡 모두 자연과 농민의 삶을 주제로 하며, 인간의 고통과 희망을 탐구했다. 사실적이면서도 철학적인 깊이가 두드러지는 작품이다.
에드바르 뭉크 (Edvard Munch, 1863-1944)	〈절규 Der Schrei der Natur〉 (1895)	표현 주의	리하르트 슈트라우스 (Richard Strauss, 1864-1949)	〈살로메 Salome〉 (1905)	낭만주의 / 표현주의	뭉크의 표현주의적 그림과 슈트라우스의 오페라는 인간의 불안, 공포, 욕망 등 극단적인 감정을 강렬하게 표현하며, 미술과 음악 모두에서 표현주의의 성향이 드러난다.

이렇게 19세기 예술가들은 그 시대의 예술적 흐름에 따라 작품을 창작했으며, 미술과 음악은 서로의 발전에 영향을 주었습니다.

7.4 무용: 발레 음악의 발전

19세기는 무용, 특히 발레의 전성기이자 무용과 음악이 서로 긴밀히 연관되어 발전한 시기입니다. 이 시기의 발레는 이전 시대와 달리 더욱 세련되고 정교한 표현력이 요구되었는데요. 이러한 변화는 곧 발레 음악의 발전으로 이어집니다. 이 시대의 발레는 실현할 수 없는 것에 대한 동경을 춤으로 표현했고, 이로 인해 표현 방법이 점차 향상됩니다. 그 예로 더욱더 높이 솟아오르며 지구 중력에 도전하고, 발끝으로(surles pointes) 서서 춤을 추는 동작은 이때부터 본격화되었습니다.[15] 이는 무용이 더 이상 누구나 행할 수 있는 것이 아니라 전문화되었다는 것을 보여줍니다. 이 시대 무용에서 나타나는 수직성의 강조는 낭만적인 발레를 표현할 수 있는 발레리나의 위상을 높인 반면, 발레리노의 역할은 이와 반대로 우아한 솔로 연기를 보조해주는 역할로 감소되는 현상이 나타났습니다.

이 시기의 발레 음악은 단순히 무용을 위한 배경 음악에 그치지 않고, 작품의 중요한 구성 요소로 자리 잡습니다. 이러한 협력 관계는 발레와 음악이 예술적으로 얼마나 긴밀하게 연결되어 있는지를 잘 보여주는데요. 발레 음악은 무용수들이 극적인 감정과 서사를 표현할 수 있도록 도와주었고, 무용은 음악의 리듬과 선율에 따라 살아 움직이는 예술 작품으로 완성되었습니다.

19세기 발레와 음악의 발전은 낭만주의 예술의 중요한 부분을 이루며, 두 예술 형식이 서로의 성장을 촉진하고 예술적 표현을 확장하는 데 기여했습니다.

　이후 유럽에서는 발레리나에게만 치중하게 되면서 소재가 고갈되고 발레가 점점 쇠퇴하게 되는데요. 러시아는 발레 지원사업을 위해 해외 유명 무용수들을 초빙하고, 그로 인해 러시아 발레가 발전하게 됩니다. 이러한 역사를 배경으로 러시아를 대표하는 작곡가 차이콥스키(Pyotr Ilyich Tchaikovsky, 1840-1893)에 의해 많은 발레 음악이 창작되고, 이는 러시아 발레가 세계적인 명성을 얻는 데 중요한 역할을 합니다.

　19세기 발레는 단순히 춤의 나열을 넘어 복잡한 서사와 감정 표현이 중심이 되는 예술로 발전했습니다. 발레 작품은 이야기의 전개와 감정의 흐름을 전달하는 수단으로, 음악과 무용이 함께 이야기의 진행을 이끌어 갔습니다. 차이콥스키의 〈백조의 호수 Swan Lake〉(1875-1876), 〈잠자는 숲속의 미녀 The Sleeping Beauty, Op. 66〉(1889), 〈호두까기 인형 The Nutcracker〉(1892)과 같은 19세기를 대표하는 발레는 단순한 동작의 집합이 아니라 뚜렷한 서사적 구조를 가지고 있으며, 발레 음악은 이러한 서사성을 중심으로 무용수들의 감정 표현을 돕는 중요한 역할을 하게 됩니다.

　이렇게 19세기에 발전한 발레와 함께 발레 음악도 성장을 이룬 것을 확인할 수 있었습니다. 이를 통해 무용과 음악이 서로 협력적인 관계라는 것을 알 수 있었는데요. 대표 작품들을 정리하면 다음과 같습니다.

19세기 무용과 음악의 연관성

안무가	안무 작품	작곡가	음악 작품	연관성
마리우스 프티파 (Marius Petipa, 1819–1910)	〈백조의 호수 Swan Lake〉 (1877) 안무(1877)	차이콥스키	〈백조의 호수〉	프티파의 안무는 차이콥스키의 음악에 맞춰 감정적이고 극적인 동작을 강조하며, 두 작품 모두 낭만주의의 비극적 아름다움을 표현하며 긴밀한 연관성을 보여준다.
쥘 페로 (Jules Joseph Perrot, 1810–1892)	〈지젤Giselle〉 (1841) 안무(1841)	아돌프 아당 (Adolphe Charles Adam, 1803–1856)	〈지젤〉	페로의 〈지젤〉은 낭만주의 발레의 대표작으로, 아당의 음악은 극적인 감정 표현과 서정성을 강조하며, 두 작품 모두 낭만주의의 비극적 사랑을 중심으로 연결된다.
마리우스 프티파	〈잠자는 숲속의 미녀 The Sleeping Beauty〉 (1889) 안무(1890)	차이콥스키	〈잠자는 숲속의 미녀〉	프티파의 〈잠자는 숲속의 미녀〉 안무는 우아함과 장엄함을 강조하며, 낭만주의의 이상적 아름다움을 극적으로 표현한다.

1   Ivor Guest, 『The Romantic Ballet in Parid』(Middletown, Connecticut: Wesleyan University Press, 1966), p. 2.

2   사실주의는 구체적인 현실을 사실적으로 묘사하는 예술 경향으로, 시대적으로 과학의 발전과 관련되어 있으며, 철학적으로는 유물론과 연관성이 있다고 할 수 있다. 즉, 근세 자연과학의 발전은 사실주의 문학의 발전과 깊은 연관이 있다.

3   인상주의의 대표적인 화가는 모네를 비롯해 르누아르(Auguste Renoir, 1841-1919), 피사로(Camille Pissarro, 1830-1903), 시슬레(Alfred Sisley, 1839-1899), 드가(Edgar De Gas, 1834-1917) 등이 있으며, 후기 인상주의 화가 세잔(Paul Cézanne, 1839-1906), 고갱(Paul Gauguin, 1848-1903), 고흐(Vincent van Gogh, 1853-1890) 등에게 영향을 주었다.

4   프랑스 태생의 소설가로 특히 그의 초기 소설에 자연주의적 경향이 잘 나타나 있다. 작가의 허구를 반대하며 문학과 예술에서도 실험이나 해부 방법을 도입하는 과학적인 창작법을 권장했다

5   바그너의 걸작 중 하나인 이 작품은 4개의 오페라로 이루어진 대규모 음악극으로, 북유럽 신화와 중세 독일 전설을 기반으로 한 서사적인 '반지' 전설을 바탕으로 한다. 라인의 황금(Das Rheingold, 1853-1854), 발퀴레(Die Walküre, 1854-1856), 지크프리트(Siegfried, 1856-1871), 신들의 황혼(Götterdämmerung, 1869-1874)으로 구성되어 있으며, 바그너의 주제 동기 기법(Leitmotif)이 특징인 작품이다.

6   강대석, 『철학으로 예술 읽기』, p. 185.

7   19세기 전반 프랑스의 소설가로 사실주의의 선구자다.

8   본명은 마리 앙리 벨(Marie Henri Beyle)이며, 대표 작품으로『적과 흑 Le Rouge et le Noir』(1830)이 있다.

9   자연주의는 '사실적인 것', '실증적인 것'으로부터 철학이 시작되어야 한다고 주장했던 19세기 초반 프랑스 철학자 콩트(Isidore Marie Auguste Comte, 1798-1857)가 주창한 실증주의 철학에 근거를 두고 있다.

10   Raymond Williams, 『문화와 사회 Culture and Society』(1780-1950)(New York: Penguin, 1963), p. 217.

11   시의 운율은 언어적인 특성에 따라 그 구조가 달라지는데, 음절률(syllable rate), 음성률(phoneme rate), 음위율(pitch rate)의 세 가지가 대표적인 형식이다.

12   게오르크 빌헬름 프리드리히 헤겔, 『헤겔의 음악미학』, 김미애 역(경기: 느낌이있는책, 2014), p. 46.

13   균형이 잡히고 잘 다듬어진 아름다움을 말한다.

14 검은색 연필을 이용한 소묘 작품으로, 고전주의 미술에서 중시되었던 대칭과 균형이 돋보
   이는 작품이다.

15 박승화, 『세계무용사』, p. 145.

함께 읽으면 좋은 책

김용환. 『19세기 음악』. 모노폴리, 2018.

데이비드 블레이니. 『낭만주의』. 강주헌, 한길아트, 2004.

데이비드 어윈. 『신고전주의』. 정무정 역. 한길아트, 2004.

도날드 J. 그라우트, 클로드 V. 팔리스카, J. 피터 브루크홀더. 『서양음악사 제7판 (상), (하)』. 민은기 외 5인 역. 이앤비플러스, 2007.

로맹 롤랑. 『괴테와 베토벤』. 웅진지식하우스, 2000.

우정아. 『명작, 역사를 만나다』. 아트북스, 2012.

조중걸. 『근대예술: 형이상학적 해명 2』. 지혜정원, 2021.

클로드 V. 팔리스카, J. 피터 브루크홀더. 『서양음악사 (상), (하)』. 민은기 외 5인 역. 이앤비플러스, 2007.

타임라이프 북스. 『유럽의 낭만주의 시대』. 신현승 역. 가람기획, 2005.

홍세원. 『서양 음악사』. 연세대학교 출판부, 2014.

Rey M. Longyear. 『19세기 낭만주의 음악』. 김혜선 역. 도서출판 다리, 2001.

8
20세기

　　20세기를 대표하는 예술 사조는 신고전주의, 표현주의, 상징주의
가 있습니다. 신고전주의는 앞서 설명드린 바와 같이 건축과 미술에서는
18세기 후반에서 19세기에 등장했지만, 음악에서는 20세기에 이르러 비
로소 중요한 사조로 등장하는데요. 20세기 안에서 말씀드릴 내용을 정리
하면 다음과 같습니다.

20세기 건축·문학·미술·무용과 음악

건축	신고전주의	신고전주의 건축물과 신고전주의 음악의 연관성	
	표현주의	표현주의 건축물과 표현주의 음악의 연관성	

상징주의 문학	음악에 영향을 준 문학적 영감		문학적 영향을 받아 탄생한 음악 작품
	말라르메	〈목신의 오후〉	드뷔시 〈목신의 오후에의 전주곡〉
	베르트랑	『밤의 가스파르』	라벨 피아노 모음곡

미술	큐비즘에서의 원근법 파괴와 쇤베르크의 12음 기법에서 나타난 조성 파괴의 연관성
	칸딘스키의 작품과 쇤베르크 음악의 연관성

무용	수직성에서 벗어나 자연스러움 중시

8.1 건축: 신고전주의와 표현주의

신고전주의와 표현주의는 20세기 초반 건축과 예술의 주요 흐름을 대표하는 사조입니다. 신고전주의는 고전적 전통을 현대적으로 재해석하며 20세기 초반에 부상한 반면, 표현주의는 제1차 세계대전 이후의 불안과 내면적 감정을 반영하는 혁신적인 움직임으로 나타났습니다.

❶ 신고전주의(Neo-classicism)

건축에서의 신고전주의는 사실 18세기 후반부터 19세기에 걸쳐 건축·미술 등에서 나타나지만, 음악에서는 20세기를 대표하는 사조이기 때문에 20세기로 분류해서 설명해 드립니다.

고대 그리스·로마의 예술 특성의 부활을 목표로 하는 신고전주의를 대표하는 건축물은 로마의 개선문을 토대로 한 파리의 개선문(Arc de Triomphe, 1920), 그리스의 신전 모습을 토대로 한 런던의 대영박물관(The British Museum, 1918) 등이 있습니다.

파리 개선문

런던 대영박물관[1]

파리의 개선문과 런던의 대영박물관

신고전주의 음악은 1910년대부터 1940년대까지의 예술 사조를 말하며, 특히 제1차 세계대전(1914-1918) 이후가 전성기였습니다. 고전주의적 형식과 객관성을 현대적으로 계승하려는 경향을 보이는 음악으로, 이고르 스트라빈스키(Igor Stravinsky, 1882-1971)를 중심으로 발전했는데요. 후기에는 힌데미트(Paul Hindemith, 1895-1963), 프로코피예프(Sergei Prokofiev, 1891-1953) 등이 신고전주의적 작품을 남겼습니다. 이러한 신고전주의 음악은 20세기 전반에 나타난 하나의 경향으로, 고전주의 음악의 특징인 조성감과 명확한 형식미를 다시 음악에서 나타내려 한 음악 사조로 설명할 수 있습니다. 또한 신고전주의 음악은 지나친 감정을 배제하고 절제된 표현을 강조하며, 대위법적 요소와 전통적인 음악 형식을 현대적으로 재해석하는 특징을 가집니다. 이러한 움직임은 18세기 말에서 19세기에 나타난 건축과 미술의 신고전주의와 매우 유사한 것으로, 전통적 양식을 현대적으로 새롭게 수용한 것으로 해석됩니다.

❷ 표현주의(Expressionism)

20세기에 발발한 제1차 세계대전은 유럽 전체에 커다란 정신적 충격을 주었고, 이러한 시대적 배경은 예술에 직접적인 영향을 주었습니다. 표현주의는 신고전주의 음악과 마찬가지로 제1차 세계대전 이후에 발생한 예술 및 철학 운동인데요. 큰 전쟁으로 인한 혼란과 변화가 예술가들에게 새로운 시각과 표현 방식을 모색하게 했고, 이로 인해 표현주의 운동이 나타나게 되었습니다.

유럽인은 인간 이성의 발달에 의해 나타난 기계 문명에 대해 기대가 높았고, 그로 인해 이상사회에 도달할 수 있을 것이라 생각했는데요. 하지만 기계 문명의 발달은 인간에게 생각했던 것과는 반대의 결과를 안겨주었습니다. 이로 인해 과학의 발전에 대한 실망과 불안감을 표현하게 되었고, 그 결과 이 시대 사람들은 개인의 내면 감정과 철학적인 측면에 주목하게 됩니다.

이성에 대한 회의와 개인의 정서 및 심리에 대한 관심이 증대되면서, 프로이트(Sigmund Freud, 1856-1939)의 연구를 통해 인간에게 내재된 무의식의 세계에 대한 탐구가 활발해졌습니다. 이러한 변화는 예술 분야에서는 표현주의로 표출되는데요. 미술 분야부터 시작된 표현주의는 점차 건축·음악·문학·연극·영화 등 다양한 예술 분야로 확산되었습니다. 그렇다면 건축과 음악에서는 표현주의가 어떤 방식으로 나타났을까요?

건축에서 나타난 표현주의 역시 미술과 마찬가지로 이성의 산물인 기계 문명에 대한 반발로 발생했으며, 건축가의 내면을 반영하는 형태로 발전했습니다. 그 결과, 기존의 건축물과 확연히 다른 독창적인 모습을 보입니다.

표현주의에 건축을 대표하는 인물로는 독일의 한스 푈치히(Hans Poelzig, 1869-1936)와 에리히 멘델스존(Eric Mendelsohn, 1887-1953)가 있습니다. 예루살렘에 위치한 멘델스존의 건축물인 〈헤브론 대학교 병원 Hadassah University Hospital〉(1938), 한스 푈치히가 설계한 〈베를린 대극장 Berlin State Opera〉은 표

헤브론 대학교 병원(왼쪽)과 베를린 대극장 내부(오른쪽)

 음악의 시간 속에서: 건축, 문학, 미술, 무용과의 대화

현주의적인 스타일이 반영된 대표적인 건축물인데요. 특히 〈베를린 대극장〉의 종유석과 같은 내부 디자인은 독창적인 예술적인 요소가 돋보이며, 표현주의의 원칙을 적용하여 건축과 예술이 조화를 이루는 공간으로 탄생한 사례라고 할 수 있습니다.

건축에서와 마찬가지로 시각예술에서 표현주의의 이상은 표현주의 음악에서도 그대로 반영되는데요. 쇤베르크 같은 음렬주의 음악가들의 음악을 표현주의 음악으로 정의하는데요. 쇤베르크는 12음 기법(Twelve-tone technique)의 창시자로, 기존의 음악 체계에 대한 인식 중 하나인 조성 음악(tonal music) 개념을 완전히 파괴합니다.

이렇게 건축과 음악에서 일어난 혁신적 실험, 예를 들면 음악에서 12음 기법은 전통적인 음악 규칙을 뛰어넘어 새로운 음악적 언어를 창조했으며 이와 유사하게 표현주의 건축은 기존의 건축 양식을 벗어나 새로운 디자인을 도입하는 모습을 보입니다. 이러한 표현주의 예술에서 나타난 특징들은 감정적 표현을 추상화하는 새로운 형태의 표현으로 자유로움과 다양성의 추구가 극대화된 예입니다. 음악과 건축이 혁신적인 흐름을 추구하고, 예술의 경계를 확장하는 모습 등에서 보이는 공통점을 통해 두 예술 분야가 같은 방향을 향해 발전해왔음을 알 수 있습니다.

8.2 문학: 말라르메와 베르트랑 그리고 쇤베르크

20세기 문학의 대표 주류인 상징주의는 앞에서 설명한 바와 같이 보들레르, 말라르메, 베를렌(Paul-Marie Verlaine, 1844-1896), 랭보, 베르트랑(Aloysius Bertrand, 1807-1841) 등에 의해 전개되었는데요. 특히 말라르메의 〈목신의 오후〉는 앞서 말씀드렸듯이 드뷔시의 〈목신의 오후에의 전주곡〉

에 영향을 주었죠. 또한 베르트랑의 『밤의 가스파르 *Gaspard de la nuit*』(1842)는 라벨의 피아노 모음곡 〈밤의 가스파르Gaspard de la nuit: Trois poèmes pour piano d'après Aloysius Bertrand〉(1908)에 영향을 주었습니다.[2]

20세기의 또 다른 문학 사상으로는 표현주의가 있는데요. 표현주의 문학의 특징은 감정의 표출과 참신하고 대담한 수법에 따른 예술적 변형이라고 할 수 있습니다. 세계대전 중에 나타난 부패와 타락을 증명한 현실 세계에 집중했던 표현주의는 전쟁의 흥분을 예술적으로 승화시켰는데요.

표현주의 문학의 특징은 감정의 표출과 참신하고 대담한 수법에 의한 예술적 변형이라고 할 수 있으며, 대표적인 작가로는 독일의 베데킨트(Frank Wedekind, 1864-1918), 표현주의 극작가인 카이저(Georg Kaiser, 1878-1945) 등이 있습니다. 또한 인간의 내면적 불안과 소외를 강렬하게 표현한 작품인 카프카(Franz Kafka, 1883-1924)의 『변신 *Die Verwandlung*』(1915) 표현주의 문학의 전형적인 예로 알려져 있습니다.

제2차 세계대전 직전까지 독일과 오스트리아 문화권을 중심으로 시작된 표현주의 음악은 '제2 빈악파'로 불리는 쇤베르크, 베베른(Anton von Webern, 1883-1945), 베르크(Alban Berg, 1885-1935) 등의 작곡가들에 의해 전개되었습니다.

표현주의는 앞서 설명해 드린 바와 같이 인간의 내면 심리, 불안, 공포 등 강렬한 감정이 반영된 예술 사조인데요. 표현주의 음악은 낭만주의 후기 대표 작곡가인 바그너와 말러 음악에서 나타나는 무조성과 극단적인 감정 표현이 발전한 것으로, 기존의 조성 체계를 파괴하고 무조성(atonality)과 12음 기법으로 전개되는 음악을 말합니다. 또한 쇤베르크는 대표 작품인 〈정화된 밤〉(1899)[3]과 〈달에 홀린 피에로Pierrot Lunaire〉(1912)[4]는 모두 시에서 영감을 받아 창작된 작품인데요. 이를 통해 20세기를 대표하는 쇤베르크의 음악과 이 시대의 문학이 갖는 연관성을 찾을 수 있습니다.

20세기 음악과 문학의 연관성이 나타난 작품들을 정리하면 다음과 같습니다.

20세기 문학과 음악의 연관

예술 사조	문학 작가	문학 작품명	작곡가	음악 작품명
상징주의	말라르메	〈목신의 오후〉	드뷔시	〈목신의 오후에의 전주곡〉
	베르트랑	『밤의 가스파르』	라벨	〈밤의 가스파르〉
표현주의	베데킨트	『봄의 각성 *Spring Awakening*』(1891)	베르크	〈보체크Wozzeck〉(1925)
	카프카	『변신』	쇤베르크	〈달에 홀린 피에로〉

8.3 미술: 큐비즘과 12음 기법

19세기 미술을 거쳐 20세기에 들어서면서, 피카소(Pablo Ruiz Picasso, 1881-1973)를 비롯한 입체파 화가들에 의해 서양 미술의 근간인 원근법이 해체되기 시작합니다. 이때 등장한 큐비즘(cubism)은 원근법을 이용한 사실적 묘사보다 여러 각도에서 본 모습을 한 화면에 중첩하여 표현했는데요. 그렇기 때문에 여러 각도에서 본 그림을 하나로 합친 듯한 느낌을 줍니다. 이렇게 큐비즘은 사람·사물을 다양한 시점에서 분석하고 기하학적 형태로 분해하여 동시에 한 화면에 표현하는 기법으로, 대상의 다양한 면을 동시에 표현하여 전통적인 회화 방식과 다른 새로운 시각적 경험을 제공해줍니다.

큐비즘이라는 용어는 1908년 미술 평론가 루이 보셀(Louis Vauxcelles, 1870-1943)이 조르주 브라크(Georges Braque, 1882-1963) 작품을 보고 "모든 것이 큐브(cube)처럼 보인다"라고 말한 것에서 유래되었는데요. 큐비즘은 1907-1908년경 피카소와 브라크에 의해 창시된 20세기 가장 중요한 예술 운동 중 하나입니다. 유럽 회화를 르네상스 이래의 사실주의적 전통에서 해방시킨 회화 혁명으로 지칭하고 있는데요. 피카소의 〈아비뇽의 여인들Les Demoiselles d'Avignon〉(1907)은 큐비즘의 출발점이 된 중요한 작품이며, 브라크의 〈에스타크의 집들Houses at L'Estaque〉(1908)이 최초의 본격적인 큐비즘 작품으로 여겨지고 있습니다.

음악과 미술에서 나타난 이러한 과정들은 고전미의 목표와도 같았던 균제미의 파괴라 볼 수 있는데요. 시대적 변화의 흐름이 르네상스 시대와 마찬가지로 20세기에도 거의 비슷한 시기에 나타난 것을 확인할 수 있습니다. 이렇게 20세기의 미술은 전통적인 미술을 거부하는 것에서 시작됐는데요. 사실 음악의 경우도 이와 마찬가지입니다. 쇤베르크 이전 시대

피카소, 〈아비뇽의 여인들〉(1907)

브라크, 〈에스타크의 집들〉(1908)

작곡가들의 작품 속에서도 조성의 모호함이 있었지만, 그렇다고 조성을 버리고 만들어진 작품은 아니었거든요. 물론 고전주의 시대보다 자유로워졌지만 그래도 음악을 작곡하는 데 있어 규칙과 형식을 무시하지는 못했죠. 하지만 쇤베르크는 20세기 미술에서 보이는 특징과 같이 오랜 시간 전해져온 형식을 타파했습니다. 이전 시대에서는 찾아볼 수 없는 새로운 것을 보여주고 싶었던 거죠. 쇤베르크의 음악은 현재 들어도 난해한 부분이 없지 않은데요. 그와 동시대에 속한 사람들에게는 더 이해하기 어려운 음악으로 느껴졌을 것 같습니다. 하지만 쇤베르크는 "100년 뒤쯤에는 내 음악을 유행가처럼 부르고 있을 것이다"라고 했는데요. 그의 대표곡 〈정

아르놀트 쇤베르크

쇤베르크, 〈정화된 밤〉, 1899
https://youtu.be/L3vclwWOefM?feature=shared

화된 밤〉과 〈달에 홀린 피에로〉는 발표된 지 100년이 넘었지만 아쉽게도 아직까지 쉽게 들을 수 있는 클래식 음악은 아닙니다.

이러한 쇤베르크의 음악은 칸딘스키(Wassily Kandinsky, 1866-1944) 작품에 영향을 주었는데요. 칸딘스키는 1911년 쇤베르크의 음악회를 통해 무조음악에서 발생하는 불협화음에 영감을 얻게 되어 〈인상 3 Impression III, Concert〉(1911) 작품이 탄생합니다. 칸딘스키가 추구했던 것이 사실을 묘사하지 않고 표현하는 추상화였기 때문에 전통적인 화성과 선율을 벗어난 쇤베르크의 음악은 그에게 내면의 본질을 표현한 새로운 예술로 다가왔고, 그것을 추상화로 표현했습니다. 이렇게 쇤베르크와 칸딘스키의 작품은 20세기 미술과 음악의 연관성을 이해하는 데 매우 중요한 예시인데요. 이 두 예술가는 서로의 작품에서 영감을 받아 예술의 경계를 넘나들며 표

칸딘스키의 〈인상 3〉

현주의와 추상미술, 그리고 무조음악의 혁신을 이끌어냈습니다.

이 밖에도 20세기 미술 사조 중 음악과 연관 있는 사조는 다다이즘(Dadaism)이 있는데요. 제1차 세계대전 중이었던 1915년부터 1924년까지 유럽과 미국에서 유행했던 반이성·반도덕을 표방한 예술 사조이자 실존주의 예술 운동의 하나였습니다. 다다이즘은 기존의 가치나 질서를 부정했는데요. 대표적인 미술 작품으로는 뒤샹(Marcel Duchamp, 1887-1968)의 〈샘 Fountain〉(1917)을 소개할 수 있습니다.

음악에서도 이러한 다다이즘적 성격이 나타나는데요. 에릭 사티(Erik Satie, 1866-1925)의 가구 음악(Musique d'ameublement, 1920)이 그 예입니다. 사티가 만든 귀 기울여 들을 필요가 없는 배경 음악으로 곁에 존재하는 가구처럼 살아가는 데 필요하지만 특별한 집중력을 요구하지 않는 음악을 말하

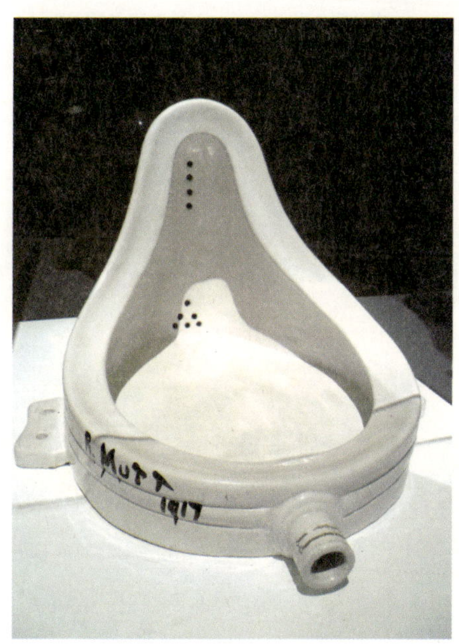

뒤샹의 〈샘〉

에릭 사티

에릭 사티, 〈짐노페디 제1번〉, 1888
https://youtu.be/plbXrpy4EHY?feature=shared

는데요. 기존의 전통적 개념을 탈피한 사티의 발상이 기발하죠?

이렇게 20세기 미술과 음악은 전통적 규범을 타파하고, 새로운 표현 방식을 탐구하는 과정에서 서로 깊은 영향을 주고받았습니다. 두 예술 분야는 혁신적 흐름을 반영하며, 예술의 경계를 확장했는데요. 여기서 나타난 상호작용은 이 시대의 음악과 미술이 어떻게 서로에게 영향을 주며 발전해왔는지를 이해할 수 있습니다.

8.4 무용: 자유로운 표현

20세기 무용에서는 표현주의가 중요한 역할을 했는데요. 표현주의 무용은 인간의 감정을 극단적으로 표현하는 데 중점을 두었으며, 점점 강렬한 감정과 고통, 불안을 표현했습니다.

또한 스트라빈스키의 원시주의(primitivism)[5] 음악과 전통적 발레의 파괴를 특징으로 한 무용과의 어우러짐은 이 시대를 대표하는 무용 작품을 탄생시키는데요. 기존의 음악 형식을 탈피한 스트라빈스키 음악과 니진

니진스키와 스트라빈스키

스트라빈스키, 〈봄의 제전〉, 1913
https://youtu.be/NQQR-GU14sQ?feature=shared

스키(Wacław Niżyński, 1890-1950) 안무의 만남은 원시주의를 대표하는 작품을 가능하게 했습니다. 이 시대의 무용과 무용 음악은 미술에서 나타난 특징과 마찬가지로 전통과 기본 질서의 파괴를 통해 새로운 시도를 하게 되는데요. 스트라빈스키는 그의 발레 작품 〈봄의 제전 Le Sacre du printemps, The Rite of Spring〉(1913)을 통해 선율과 동작의 일치를 추구하여 음악과 무용이 서로 완벽한 호흡을 주고받는 관계임을 보여주었습니다.

20세기 무용과 음악의 연관성을 표로 정리하면 다음과 같습니다.

20세기 무용과 음악의 연관성

예술 사조	안무가	안무 작품	작곡가	음악 작품
표현주의	마리 비그만(Mary Wigman, 1886-1973)	〈마녀의 춤 Witch Dance〉(1914)	쇤베르크	〈정화된 밤〉
원시주의	바슬라프 니진스키	〈봄의 제전 Le Sacre du printemps〉(1913)	스트라빈스키	〈봄의 제전〉

비그만의 〈마녀의 춤〉은 강렬하고 표현적인 움직임을 통해 인간의 감정을 극단적으로 표출하는 표현주의 무용의 대표작인데요. 쇤베르크의 〈정화된 밤〉도 비그만의 작품과 유사한 감정적 심화를 음악으로 표현한 예입니다. 또한 니진스키의 안무로 초연된 〈봄의 제전〉은 원시주의적 강렬함과 전통적 발레의 파괴를 특징으로 하는데요. 스트라빈스키의 음악은 비대칭적 리듬과 불협화음을 통해 기존의 음악 형식을 탈피했으며, 니진스키의 안무와 긴밀하게 결합되어 있습니다.

20세기 무용은 고전 발레와 달리 토슈즈를 벗고 맨발로 춤을 추며 자연스러움을 강조했는데요. 발레의 고정된 기교와 공기처럼 가벼운 몸을 거부하고 몸의 무게감을 최대한 이용하는 것이 20세기 무용의 가장 큰 특징입니다. 고전 발레가 관객의 시선을 수직선으로 향하게 하는 반면 현대 무용은 비스듬한 사선을 향하게 하며, 특히 비대칭적 몸짓의 직선과 굽은 선으로 관객들의 시선을 끌어당기는 형태로 나타납니다.[6] 이러한 움직임들은 정형화된 이전 시대의 것으로부터 탈피를 도모한 것으로 음악에서 나타나는 조성 파괴와 유사성을 갖는 사조의 변천이라 할 수 있습니다.

1 고대 그리스식 건축 방식을 모방한 신고전주의 시대의 대표적 건축물이다. 로마 건축 양식의 특징인 기둥 오더와 해당 건물을 상징하는 페디먼트(pediment)를 확인할 수 있다.

2 라벨은 베르트랑의 시에 영향을 받아 '물의 요정(Ondine)', '교수대(Le Gibet)', '스카르보(Scarbo)'로 이루어진 〈피아노 모음곡〉을 작곡했다.

3 독일의 시인 리하르트 데멜(Richard Dehmel, 1863-1920)의 시에서 영감을 받아 탄생한 작품이다. 현악6중주곡으로, 후에 현악 합주용으로 편곡되기도 했다. 쇤베르크의 초기작으로서, 후기 낭만주의 성향이 더 많이 나타나는 작품이다.

4 21개의 짧은 곡으로 이루어진 작품으로, 알베르 지로(Albert Giraud, 1860-1929)의 시를 독일어로 번역한 가사를 사용한 작품이다. 말과 노래의 중간쯤 되는 성악의 특수 발성법인 슈프레히슈티메(sprechstimme)와 무조성 기법을 사용한 표현주의 음악의 대표작으로, 카프카의 작품처럼 비현실적이고 환상적인 분위기의 주인공이 정신적으로 혼란을 겪으며 현실과 환상의 경계를 넘나드는 모습이 닮아있다.

5 원시주의란 원시 시대의 예술 정신과 표현 양식을 이해하고 그것을 현대 예술에 접목하려는 예술 운동을 말한다.

6 철학아카데미, 앞의 책, pp. 237-242.

함께 읽으면 좋은 책

김석란.『에릭 사티』. 울림, 2022.

김시형.『20세기 음악 표현의 접근』. 음악춘추사, 2016.

바실리 칸딘스키.『예술에서의 정신적인 것에 대하여』. 권영필 역. 열화당 미술책방, 2019.

박이문.『예술철학』. 문학과지성사, 2006.

박정훈.『미와 판단』. 세창출판사, 2023.

신인선.『20세기 음악』. 음악세계, 2006.

스트라빈스키.『음악의 시학』. 이세진 역. 민음사, 2023.

오희숙.『20세기 음악 1』. 심설당, 2004.

이석원.『현대사회·현대문화·현대음악』. 심설당, 2024.

장병희.『예술, 찰학을 만나다』. 까치글방, 2014.

장 폴 사르트르.『문학이란 무엇인가』. 정명환 역. 민음사, 2017.

정준호.『스트라빈스키』. 을유문화사, 2021.

조요한.『예술철학』. 미술문화, 2008.

홍정수.『아도르노 달하우스 크라이프다누저: 20세기 음악미학 이론』. 심설당, 2002.

홍정수·허영한·오희숙·이석원.『음악학』. 심설당, 2004.

20세기작곡가연구회.『20세기 작곡가 연구 1』. 음악세계, 2001.

Epilogue

음악과 건축의 관계를 정리하면, 음악이 이루어지는 공간인 건축물은 음악에 긴밀한 영향을 주었던 분야입니다. 로마네스크 시대의 그레고리오 성가와 고딕 시대 다성 음악의 태동에서도 볼 수 있듯이 시대에 따라 다양한 형태로 변화되었던 건축 스타일은 음악에 직접적인 영향력을 행사했음을 확인할 수 있었습니다.

두 분야는 깊은 관계만큼 서로 닮았는데요. 음악은 유체가 된 건축물이며, 형식화된 건축물은 응고된 음악이라 할 수 있습니다. 즉, 건축물은 구체적이고 건축 용도에 속박되는 예술이지만 음악은 건축적인 예술, 대칭과 비례의 질서 등 각 부분의 구성 원리를 소유하고 있는 유기적 예술이라 할 수 있습니다.

문학, 특히 시문학은 작곡가들에게 직간접적으로 영향을 주었는데요. 19세기에서 20세기에 이르기까지 시의 내용이나 운율, 내포되어 있는 기반 사상 등은 많은 작곡가의 창작 배경이 되었습니다.

음악과 미술 작품의 공통점은 작가의 예술적 상상력 및 창의성에 의해 계산된 구도 안에서 형성되는 조화와 균형을 통해 작품이 탄생한다는 것이라 할 수 있습니다. 또한 미술 작품 역시 작가의 내면세계를 표현하는 분야라는 점에서 음악과의 공통점을 유추할 수 있습니다. 미술 중에서도 재료에서 작품까지 질의 변화가 없는 조각과 달리 회화는 재료를 다루는 방법에 있어 음악과 유사성을 보이는데요. 즉, 조각 작품은 재료에 작가의 생각을 담아내는 작업에 있어서 기본 재료 자체가 변하지는 않습니다. 하지만 회화는 물감을, 음악은 음을 기본 재료로 사용해 최종 작품에서는 그 원료의 상태가 조각에서처럼 그대로 존재하지는 않는데요. 이러한 이유에서 회화가 음악과 조금 더 닮아있고, 그래서 미술 부분에서 주로 회화를 소개해드렸습니다. 역사적 흐름을 통해 음악과 미술은 시대적 변화를 함께해왔으며, 예술로서의 전개 방법과 그 결과물의 유사성을 확인할 수 있었습니다.

무용과 음악은 오랜 시간 함께해온 예술 분야로, 이후 기악 작품에서 나타나는 춤곡은 무용에서의 시각적인 안무를 청각화하여 음으로 표현한 것이라 할 수 있습니다. 또한 모음곡은 여러 형태의 양식 변화를 거쳐 기악 음악의 대표 형식인 소나타 형식으로 발전하게 되는데요. 이러한 역사적 사실을 통해 음악 형식의 발전에 춤곡이 큰 영향을 주었음을 확인할 수 있으며, 이는 음악과 무용의 유대 관계에 대한 설명의 필요성을 뒷받침해줍니다.

고대부터 현대에 이르기까지 인류는 끊임없이 예술을 통해 자신들의 감정, 사상 그리고 신념을 표현해왔습니다. 역사 시대 순서로 살펴보면, 고대의 예술은 주로 종교적·신화적 요소와 긴밀히 연관되어 있었습니다. 그리스의 파르테논 신전 같은 건축물은 균형감 속에 신성함을 상징하며, 여기서 이루어지는 음악은 제의와 의식을 돕는 역할로, 신성한 공간을 더욱 경건하게 만들어주었는데요. 고대 미술과 음악은 자연과 인간, 신성한 세계 사이의 조화와 균형을 표현하며, 인간이 세상과 초월적 존재를 이해하려는 노력을 반영했습니다. 즉, 이 시기의 예술은 단순한 표현을 넘어 인간과 신의 관계를 탐구하는 도구로서의 역할을 했다고 볼 수 있습니다.

중세에 이르러 예술은 교회와 신앙을 중심으로 발전했는데요. 고딕 성당의 웅장한 첨탑과 스테인드글라스는 하늘을 향한 인간의 열망을 시각적으로 표현했으며, 성당 내부의 넓은 공간은 다성 음악으로 채워졌습니다. 중세 미술은 주로 종교적 상징과 성경 이야기들을 시각적으로 표현하는 데 집중했으며, 음악은 그레고리오 성가 같은 단선율에서 시작해 점차 복잡한 다성 음악으로 발전했습니다. 이 시기의 예술은 신앙심을 고취하고, 신과의 관계를 깊이 있게 탐구하는 데 주력했는데요. 건축과 음악이 신성한 공간에서 하나로 결합하며, 종교적 경험을 강화하고 신앙의 경외심을 일깨우는 중요한 역할을 했습니다.

그러나 르네상스는 이러한 중세의 틀에서 벗어나 인간 중심의 세계관으로 전환되는 시기였습니다. 고대 그리스·로마의 고전 문화를 부활시키려는 열망 속에서 르네상스 시대의 예술가들은 인간의 이성과 감정, 그리고 아름다움을 탐구하기 시작했는데요. 레오나르도 다빈치, 미켈란젤로, 라파엘로 같은 거장들은 인간의 신체와 감정 그리고 자연의 아름다움을 미술 작품에 담아냈으며, 이 시기의 음악가들인 조스캥 데 프레, 팔레스트리나 등의 인물들이 이끈 다성 음악을 통해 음악에서의 조화와 균형을 새롭게 탐구했습니다. 르네상스의 예술은 인간의 창조적 잠재력을 극대화하는 데 주력했으며, 예술은 단순한 종교적 도구를 넘어 인간의 정신과 아름다움을 표현하는 강력한 매체로 자리 잡았습니다.

19세기에 이르러 예술은 감정과 현실 그리고 상상력의 폭발적인 표현을 특징으로 하는 낭만주의와 사실주의, 인상주의 등의 사조를 통해 더욱 다채로워졌는데요. 낭만주의 음악과 문학은 개인의 내면적 감정과 자연에 대한 경외를 표현하며, 베토벤 같은 작곡가들은 음악을 통해 인간의 감정과 열정을 표출했습니다. 한편, 인상주의 미술은 순간의 인상을 포착하고, 색채와 빛을 중심으로 자연을 묘사하며, 전통적인 회화 기법을 탈피하는 모습을 보이는데요. 이 시기의 예술은 인간 경험의 복잡성과 현실의 다양한 측면을 탐구하는 데 주력했으며, 인간의 내면과 외부 세계를 동시에 조명하는 데 집중했습니다.

20세기에 들어서면서 예술은 더욱 복잡한 양상을 띠게 되었습니다. 기술의 발전과 함께 예술은 새로운 표현 방식과 매체를 탐구하게 되었고, 전통적인 장르의 경계가 무너지며 융합 예술의 형태로 발전했습니다. 한편, 칸딘스키와 쇤베르크는 추상미술과 무조음악을 통해 예술의 새로운 경계를 탐구하고, 전통적인 규범에서 벗어나 자유롭고 창의적인 표현을 시도했습니다. 현대 예술은 다양한 예술 형식이 상호작용하며, 예술가들은 이러한 융합을 통해 인간 경험의 다양한 측면을 더욱 풍부하게 표현하고자 했습니다. 이 모든 연구를 통해 우리는 예술이 단순한 표현 수단을 넘어 시대 정신과 사회적 변화를 반영하고 이끌어가는 중요한 역할을 해왔음을 알 수 있었습니다.

이렇게 각 시대의 음악·건축·문학·미술·무용은 각각 독립된 예술 형식이지만, 이들은 서로 보완하고 강화하며 인간 경험의 깊이를 탐구하는 데 기여해왔는데요. 이 책을 통해 각 시대를 대표하는 음악·건축·미술·무용·문학이 어떻게 서로 발전하며 시대의 정신을 담아냈는지를 음악을 중심으로 살펴보았습니다.

이를 통해 각각의 예술 분야들은 고립된 영역이 아니며, 오히려 상호작용을 통해 새로운 창조적 가능성을 발견하고, 인간 경험의 다양한 측면을 풍부하게 해주었음을 확인할 수 있었는데요. 예술은 항상 시대의 변화와 함께 발전해왔으며, 인간의 창조적 본성과 시대적 맥락 속에서 유기적인 모습을 보였습니다.

　이렇게 예술은 단순한 표현의 도구가 아니라 인간의 감정과 경험을 깊이 있게 탐구하고, 이를 통해 세상을 이해하는 방법을 제공하는 강력한 매체입니다. 이 책이 여러분께 각 시대의 예술이 음악을 중심으로 어떻게 상호작용하며 발전해왔는지에 대한 이해를 돕고, 더 나아가 깊이 탐구하는 데 도움이 되기를 바랍니다.

　예술은 단순히 과거를 반영하는 것이 아니라 미래를 향해 나아가는 동력이자, 인류의 영원한 창조적 본성을 드러내는 장치입니다. 이제 이 책을 덮으며, 우리가 탐구한 예술의 역사가 결코 고정된 것이 아님을, 오히려 끊임없이 변화하고 발전하며 우리의 삶을 풍요롭게 해주는 창조 과정임을 느끼실 수 있으면 좋겠습니다.

　음악과 다른 예술 분야의 연관성에 관해 시대 순서로 살펴보았는데요. 어떠셨나요? 사실 음악과 관계성이 있는 것들만 이야기하다 보니 제외된 것들이 많았을 텐데요. 모든 것을 다루기에는 그 양도 방대하고, 음악을 중심으로 쓰고 싶은 책이기 때문에 불편하셨더라도 양해 부탁드립니다.

　사실 논문을 바탕으로 구성한 책이라서 최대한 딱딱하지 않게 써 내려가려고 노력했는데요. 제가 논문을 쓰면서, 그리고 이번 책을 쓰면서 느꼈던 놀라움과 감동, 감사함이 여러분께 조금이나마 전해지기를 바랍니다. 끝으로 이 책이 완성되기까지 긴 여정을 함께해주신 많은 분께 진심으로 감사의 마음을 전합니다. 또한 언제나 곁에서 묵묵히 응원해주며, 저의 모든 순간을 이해해주고 지지해주는 가족들, 늘 아낌없는 응원을 보내주시는 선생님들께 깊은 감사의 말씀을 드립니다.

　예술은 우리 삶의 깊숙한 곳에 뿌리내린 강력한 표현이라고 생각합니다. 예술은 과거와 현재 그리고 미래를 연결하며 인간의 본질을 탐구하는 데 언제나 중요한 역할을 할 것이며, 그것이 예술이 가진 힘이라고 생각합니다. 여러분 곁에 예술의 정취가 언제나 가까이 있기를, 그로 인해 늘 행복하시기를 기원합니다.

참고문헌

강대석.『미학의 기초와 그 이론의 변천』. 파주: 도서출판 서광사, 1977.

______.『철학으로 예술 읽기』. 서울: 시대의창, 2020.

김혜숙·김혜련.『예술과 사상』. 서울: 이화여자대학교 출판부, 2007.

게오르크 빌헬름 프리드리히 헤겔.『헤겔의 미학 강의 1, 2, 3』. 두행숙 역. 서울: 은행나무, 2020.

______.『헤겔의 음악미학』. 김미애 역. 경기: 느낌이있는책, 2016.

게오르크 W. 베르트람.『철학이 본 예술』. 박정훈 역. 서울: 세창출판사, 2017.

강성원.『미학이란 무엇인가』. 서울: 사계절출판사, 2000.

김승옥.『서양문학의 흐름』. 서울: 고려대학교 출판부, 2001.

나성인.『베토벤 아홉 개의 교향곡』. 파주: 도서출판 한길사, 2019.

로맹 롤랑.『괴테와 베토벤』. 박영구 역. 서울: 웅진닷컴, 2001.

마이클 로더.『협주곡의 역사』. 김난희 역. 서울: 음악춘추사, 1997.

먼로 C. 비어슬리.『미학사』. 이성훈·안원현 역. 서울: 미학사, 1999.

바실리 칸딘스키.『예술에서의 정신적인 것에 대하여』. 권영필 역. 파주: 열화당 미술책방, 2004.

박민수.『바움가르텐의 미학 읽기』. 서울: 세창미디어, 2015.

박이문.『문학과 철학』. 서울: 민음사, 1995.

______.『예술철학』. 서울: 문학과지성사, 2011.

박정훈.『미와 판단』. 서울: 세창출판사, 2017.

백종현.『칸트와 헤겔의 철학』. 파주: 아카넷, 2017.

베네데토 크로체.『미학』. 권혁성·박정훈·이해완 역. 경기: 북코리아, 2019.

보에티우스.『철학의 위안』. 박문재 역. 파주: 현대지성, 2018.

서울대학교 서양음악연구소 편.『Dictionary of Music』. 서울: 도서출판 음악세계, 2001.

세광음악출판사.『음악용어사전』. 서울: 세광음악출판사, 1986.

______.『음악인명사전』. 서울: 세광음악출판사, 1987.

스티븐 다운스.『음악미학』. 민은기·조현리 역. 파주: 음악세계, 2020.

아르망 마샤베.『음악과 무용』. 국민음악연구회 역. 서울: 국민음악연구회, 1976.

아리스토텔레스.『시학』. 천병희 역. 서울: 문예출판사, 2004.

아서 록.『데카르트 음악』. 국민음악연구회 역. 서울: 국민음악연구회, 1976.

오희숙.『철학 속의 음악』. 서울: 도서출판 심설당, 2009.

웨인 D. 보먼.『음악철학』. 서원주 역. 서울: 까치글방, 2012.

윤희철.『현대건축과 음악과의 대화』. 서울: Spacetime·시공문화사, 2005.

음악지우사 편집부 편.『작곡가별 명곡 해설 라이브러리 1-베토벤』. 음악세계 편집부 역. 서울:
        도서출판 음악세계, 1999.

이종하.『아도르노』. 파주: 살림출판사, 2007.

이주영.『미학 특강』. 경기: 미술문화, 2016.

이창복.『문학과 음악의 황홀한 만남』. 파주: 김영사, 2011.

이하준.『철학이 말하는 예술의 모든 것』. 경기: 북코리아, 2018.

장병희.『예술, 철학을 만나다』. 서울: 까치글방, 2014.

장 폴 사르트르.『문학이란 무엇인가』. 정명환 역. 서울: 민음사, 2007.

정영철.『서양건축사』. 서울: 기문당, 2009.

조요한.『예술철학』. 서울: 미술문화, 2008.

죠지 딕키.『미학입문』. 오병남·황유경 역. 파주: 서광사, 2007.

철학아카데미.『철학, 예술을 읽다』. 파주: 도서출판 동녘, 2006.

최경철.『유럽의 시간을 걷다』. 서울: 웨일북, 2019.

크리스티안 헬무트 벤첼.『칸트 미학』. 박배형 역. 서울: 그린비출판사, 2017.

클로드 V. 팔리스카, J. 피터 브루크홀더.『서양음악사 (상), (하)』. 제7판. 민은기 외 5인 역. 서울:
        이앤비플러스, 2000.

테오도르 W. 아도르노.『미학이론』. 홍승용 역. 서울: 문학과 지성사, 2005.

______.『베토벤. 음악의 철학』. 문병호·김방현 역. 서울: 세창출판사, 2014.

프리드리히 실러.『프리드리히 실러의 미적 교육론』. 윤선구·이경희·조경식·하선규·한진이 역,

서울: 대화문화아카데미, 2020.

피오나 휴즈.『칸트의『미적판단력 비판』입문』. 임성훈 역. 파주: 도서출판 서광사, 2020.

허영한·이석원.『고전음악의 이해』. 서울: 도서출판 심설당, 2015.

홍세원.『서양 음악사』. 서울: 연세대학교 출판부, 2009.

홍정수·김미옥·오희숙.『두길 서양음악사 1』. 파주: 나남출판사, 2006.

홍정수·오희숙.『음악미학』. 서울: 도서출판 음악세계, 2000.

E. H. 곰브리치.『서양미술사』. 백승길·이종숭 역. 서울: 도서출판 예경, 2007.

Grout, Donald J., Palisca, Claude Ⅴ., Burkholder, Peter J.『서양음악사』제4판.
    세광출판사 편집국 역. 서울: 세광출판사, 1988.

Stein, Leon.『음악 형식의 분석 연구』. 박재열·이영조 역. 서울: 세광출판사, 1975.

W. 타타르키비츠.『미학의 기본 개념사』. 손효주 역. 서울: 미진사, 1993.

Johnson, Douglas. *The New Grove Dictionary of Music and Musician*』. edited by
    Stanley Sadie. 20vols. London: Macmillan Publishers Ltd., 1980.

Randel, Don Michael. *The New Harvard Dictionaty Of Music*. Cambridge, Mass.:
    Harvard University Press, 1986.

Saunders, James and Lely, John. *Word Events: Perspectives on Verbal Notation*.
    Continuum International Publishing Group Press USA, 2012.

Taruskin, Richard. *Text and Act: Essays on Music and Performance*. Oxford University
    Press USA, 1995.

용어 찾아보기

인명 찾아보기

이미지 출처

3. 중세